GUIARAMA **COMPACT**

AF277687

Estambul

ANAYA
TOURING

© Texto: Pablo Strubell
© Actualización: Alicia Aparicio
© Diseño tipográfico: marivíes
© Grupo Anaya, S. A., 2026
   Valentín Beato, 21. 28037 Madrid
   www.guiasdeviajeanaya.es

11ª edición: febrero 2026

Depósito legal: M-21.381-2025
ISBN: 978-84-9158-991-4
Impreso en España-Printed in Spain

PAPEL DE FIBRA
CERTIFICADO

La información contenida en esta guía ha sido cuidadosamente comprobada antes de su publicación. No obstante, dada la naturaleza variable de los datos, recomendamos su verificación antes de salir.

Presentación

Estambul era a caballo de dos continentes europeo y Asia, lo que le confiere dos caracteres muy diferentes. Está repleto de buques electores por su riqueza artística por si de santuarios eclesiásticos. A ello se une otra muy particular mezcla...

La **esencia** de **Estambul**

Es único parque se asienta sobre dos continentes distintos, la parte europea está separada de la asiática por el estrecho del Bósforo, punto estratégico de capital importancia para el comercio. La antigua ciudad bizantina, fundada en el 330 a.C. Constantinopla...

Sultanahmet Camii (Mezquita Azul)

5

La Sultanahmet Camii, también llamada Mezquita Azul, se reconoce en el perfil de Estambul porque es la única cúpula que cuenta con seis minaretes.

Cómo usar
esta guía

Esta **Guiarama** de **Nueva York** se divide en cinco secciones que abarcan los aspectos más importantes de la visita a Nueva York.

Una mirada a Nueva York, páginas 6-17

Presentación
Nueva York en cifras
Lo que no hay que perderse
Un poco de historia
Nueva York multicultural
Personajes famosos

Diez lugares inolvidables, páginas 18-31

La elección de la autora de los diez lugares más atractivos de la ciudad, todos con información práctica.

Visita a la ciudad, páginas 32-85

Se divide Nueva York en ocho zonas, cada una con una introducción y listado de los lugares más interesantes.
Información práctica
Breves notas "¿Sabías que...?"
7 paseos a pie

Dónde ..., páginas 88-107

Información detallada sobre restaurantes, alojamiento, compras, niños y ocio.

Información práctica, páginas 117-124

Toda la información necesaria para el viajero presentada de forma visual.

Mapas y planos

Todas las referencias lo son a los mapas y planos que se incluyen la final de la guía. Por ejemplo, el Empire State Building va seguido de la referencia ⊕ 4 (B2) que indica la página en la que se encuentra el plano (4) y las coordenadas (B2) donde se halla el edificio. La lista de mapas utilizados en esta guía se encuentra en el índice.

Precios

El precio aproximado de los establecimientos se indicará mediante los signos:

C caro, **M** moderado y **E** económico.

Clasificación por estrellas

La mayoría de los lugares descritos en el libro se han clasificado por su grado de interés como sigue:

✱✱✱	Visita obligada
✱✱	Muy interesante
✱	Interesante

Símbolos utilizados

A lo largo de la guía se han utilizado símbolos sencillos y claros para indicar las siguientes categorías:

- 🄾 referencia a los planos del final de la guía
- ✉ dirección o localización
- ☎ número de teléfono
- 🕐 horario
- 🍴 restaurante o café
- Ⓜ estación de metro más cercana
- 🚌 rutas de autobús o tranvía
- 🚆 estación de tren más cercana
- ⛴ ferry más cercano
- ✈ aeropuerto
- ℹ información turística
- ♿ servicios para discapacitados
- 🎟 precio de la entrada
- ✚ otros lugares de interés cercanos
- ❗ más información práctica
- 🌐 web

Contenido

Una mirada

Presentación

▌La población

Es recomendable dedicar parte del tiempo, por poco que se tenga, a conocer a la gente y observar cómo llevan los negocios; son mercaderes de pura cepa y toda la ciudad es un mercado. Suelen ser muy amables porque están acostumbrados a tratar con extranjeros; es famosa su hospitalidad. Su profundo sentido de la jerarquía y del respeto son herencia de los antepasados otomanos y cuando llega el momento del saludo son educados hasta la exageración.

▼ Estación de tren de Marmaray, que cruza el Bósforo por debajo.

Estambul está a caballo de dos continentes (Europa y Asia), lo que le confiere dos caracteres muy diferentes. Está repleta de bazares alucinantes mezclados con sofisticados restaurantes occidentales, y a la vez que uno se ensimisma con restos antiguos (una fuente, una columna...), sorprenden detalles de modernidad (moda de diseño, tecnología...). Al tiempo que se conserva la impresionante arquitectura bizantina y otomana, la ciudad crece a un ritmo acelerado.

Como Roma, en origen se construyó sobre siete colinas, y hoy es una ciudad tan grande que parecen varias ciudades juntas, cada una de ellas con sus características propias. También como Roma, por su orografía, es una ciudad incómoda para caminar. Pero dentro de cada barrio, sobre todo en el centro histórico, lo más conveniente es andar, para tener la oportunidad de encontrarse de repente con extraordinarias mezquitas y monumentos que elevan el espíritu o con las casas de té, pastelerías y bares que aplacan el apetito.

Pero junto a este espléndido legado de su orgulloso pasado, la ciudad tiene muy pocas zonas verdes, excesivo tráfico y mucha contaminación. Sin embargo, alejarse del bullicio es fácil; no hay más que subir a un barco y atravesar el Bósforo o hacer una excursión por el mar de Mármara, hasta las Islas del Príncipe. Lo mejor es regresar a la ciudad al caer la tarde, si es posible en barco, porque esta romántica urbe luce más bella desde el mar.

Perfil de Estambul

Población

Durante el reinado de Solimán el Magnífico (1520-1566), Constantinopla (la actual Estambul) ya contaba con 700.000 habitantes y era la ciudad más importante del mundo. Sin embargo en 1960, en Estambul vivían 1.800.000 personas. Hoy es difícil dar una cifra porque, dependiendo de a quién se pregunte, la respuesta puede ser 10 o 20 millones; oficialmente ronda los 15 millones. Se estima que unas 300.000 personas se desplazan cada año a vivir a la ciudad.

Es una ciudad de inmigración: más del 60 por ciento de la población residente ha nacido en otras ciudades; los habitantes de Estambul bromean con que el mismo número de gente que entra, está deseando salir de la ciudad. En Estambul vive actualmente la quinta parte de la población turca. Sigue manteniendo el espíritu de acogida de antaño y no será raro ver gente de origen sefardí, ruso, griego o de países de Asia Central. Constantinopla fue fundada por Constantino sobre siete colinas, copiando el modelo de Roma. La proporción de zonas verdes es la más baja de Europa: 2 m^2 por habitante, y la estructura urbana hace difícil la creación de más zonas verdes.

Clima

La mejor época para ir es la primavera, porque los parques están frondosos y la brisa procedente del Mar Negro barre la contaminación. También es agradable el otoño. En invierno hay días soleados pero en general hace bastante frío, suele llover y hasta nevar, y el aire sopla gélido. El verano es caluroso y sofocante y los habitantes de Estambul huyen de la ciudad, si pueden permitírselo.

▲ Una de las poblaciones más jóvenes y dinámicas.

Ekümenopolis

Ekümenopolis: Ucu Olmayan Şehir (La ciudad sin límites) es un interesante documental acerca del desmesurado crecimiento de Estambul y las consecuencias sobre el paisaje urbano, medio ambiente y su población. Más información en la página web www.ekumenopolis.net

Más cifras

Si se le pregunta a un turco cuántas mezquitas hay en la ciudad, responderá que nadie ha conseguido contarlas nunca. Alguien nos explicó que había una en cada calle y ¡hay cientos de calles! Además hay cuatro puentes sobre el Cuerno de Oro y tres, sobre el Bósforo.

La **esencia** de **Estambul**

A caballo entre dos continentes, es el puente de unión entre Oriente y Occidente. Situada en la orilla del mar de Mármara, el Cuerno de Oro (Haliç) y el estrecho del Bósforo (Boğaziçi) la dividen en tres grandes zonas. La ciudad vieja tiene el sabor del oriente: miles de mezquitas, baños turcos y coloridos bazares. Atravesando el puente de Gálata aparece la cara europea de Estambul: el distrito de Beyoğlu, donde los monumentos decimonónicos de estilo europeo y otomanos conviven con bares y cafés bohemios, elegantes zonas comerciales y las mejores pastelerías. En la costa asiática está Üsküdar, que cuenta con mezquitas otomanas y animados mercados

No hay que perderse...

Nunca hay tiempo para verlo todo, por eso le sugerimos no perderse lo siguiente:

▮ **Visitar el Topkapı Sarayı** y asombrarse con el harén, el diamante de 86 quilates en forma de cuchara o la daga de Topkapı.

▮ **Contemplar Estambul** desde la terraza del Gálata Kulesi para entender el complicadísimo trazado de la ciudad.

▮ **Navegar por el Bósforo,** pasando por delante de las bonitas *yalıs* (mansiones de madera), espléndidos palacios y fortalezas otomanas.

▮ **Acudir a un *hammam* o baño turco,** disfrutando de un masaje.

▮ **Convertir un sueño en realidad,** marcando con el pulgar el contorno del agujero de la famosa columna húmeda de Aya Sofya.

▮ **Fumar una pipa de agua mientras se toma un té** en el Café Pierre Loti, en Eyüp o en el Erenler Çay Bahçesi.

▮ **Perderse** en Kapalıçaršı, o Gran Bazar en sus más de 4.000 tiendas.

▮ **Coger el tranvía para volver a Taksim Meydanı** después de ir de compras por Istiklâl Caddesi.

▮ **Pescar en el Puente de Gálata** o mezclarse con los turcos en los excelentes restaurantes de pescado que hay en Kumkapı, en Nevizade Sokak (Beyoğlu) o en la orilla del Bósforo.

▮ **Admirar el talento de Sinán,** el arquitecto de Solimán el Magnífico, visitando cualquiera de sus *hammam*, sus tumbas o sus 42 mezquitas *(Camii)*. Su obra maestra es Süleymaniye Camii.

▲ Vista de la entrada del palacio Topkapı.

◄ Lámparas expuesta en el Gran Bazar.

Breve historia de Estambul

c 3000 a.C. En Caledonia (Kadıköy), en la costa asiática, se establecieron los primeros asentamientos.

c 1400 a.C. Enclave comercial micénico, en la península del mar de Mármara, ocupada hoy por el Topkapı Sarayı.

667 a.C. El oráculo de Delfos ordena al rey Byzas, de Megara (Grecia) fundar una ciudad frente al "País de los Ciegos". Byzas decidió que los ciegos tenían que ser los calcedonios por no haberse asentado en el puerto del Cuerno de Oro. Allí construyó Bizancio.

667 a.C.-d.C. 330 Bizancio se convierte en la colonia griega más próspera del Bósforo, con constantes amenazas de invasión por parte de sus poderosos vecinos: Persia, Esparta, Atenas, Macedonia, Celtia y Beocia.

Siglo II d.C. Cuando Roma conquista Bizancio, el emperador Séptimio Severo destruye la ciudad y masacra a su población.

330 El emperador Constantino traslada la capital imperial de Roma a Bizancio; la amplía y la llama Constantinopla.

391 Teodosio I declara al Cristianismo religión oficial.

527-565 Reinado de Justiniano el Grande y Teodora, su esposa, quienes mandaron construir palacio e iglesias, entre otras Aya Sofya.

610 El imperio está a punto de desaparecer, pero Heraclio salva a la ciudad de las invasiones de los ejércitos persas y de los Balcanes.

726-843 La crisis iconoclasta provoca la completa destrucción de toda la imaginería religiosa, frescos, iconos y mosaicos incluidos.

1261 Miguel el Paleólogo y los griegos reconquistan la ciudad; pero el Imperio bizantino ya se está desintegrando.

1453 El sultán turco Mehmet II invade Constantinopla. El emperador Constantino XI muere en la batalla.

1454 Mehmet II convierte a Constantinopla en la capital del Imperio otomano.

1509 Terremotos que duran 45 días destruyen muchos monumentos.

1520-566	Reinado de Solimán el Magnífico y construcción de las mezquitas de Sinán.
1699	El Tratado de Karlowitz, obliga al sultán a ceder territorios a Rusia y a Austria.
1703-1730	Decadente reinado del sultán Tulipán, Ahmet III, que termina con la rebelión de los jenízaros.
1877	Inauguración del primer parlamento.
1909	El golpe de los "Jóvenes Turcos" depone al sultán Abdülhamid II.
1919	Los ejércitos aliados entran en Estambul. Comienza la guerra greco-turca.
1920	Atatürk preside la Primera Asamblea Nacional en Ankara. Guerra de Independencia.
1922	Se abole el sultanato. Victoria de los turcos sobre Grecia.
1923	Declaración de la República de Turquía. Se nombra a Atatürk, primer presidente; la capitalidad pasa a Ankara.
1938	El día 10 de noviembre Atatürk fallece en el Dolmabahçe Sarayı.
1973	Primer puente sobre el Bósforo.
1974	Turquía invade Chipre.
1985	La Unesco declara las zonas históricas de Estambul Patrimonio de la Humanidad.
2005	Se introduce la nueva lira turca *(YTL)*, eliminando seis ceros de la antigua moneda. Se inician conversaciones para el ingreso del país en la UE. Se inaugura el nuevo circuito de Fórmula 1, en las afueras de Estambul. Se inicia la construcción de un túnel bajo el Bósforo, uniendo Eminönü con Üsküdar.
2013	Las decisiones políticas supusieron el descontento de la población hacia el partido gobernante (AKP), provocando manifestaciones masivas en las calles de la ciudad.
2016	Se produce un intento de golpe de estado la noche del 15 al 16 de julio por parte de algunas facciones de las Fuerzas Armadas con el fin de derrocar al presidente Erdogan. Durante la tentativa fallecieron 194 personas y 1 154 resultaron heridas. En los sucesivos meses fueron arrestados miles de funcionarios afines a la revuelta.

❚ Últimos acontecimientos

2019. En junio, Ekrem İmamoğlu ganó en segunda vuelta las elecciones para alcalde de Estambul, marcando un hito político y un giro histórico del poder municipal hacia la oposición. Se inauguraron dos infraestructuras de transporte importantes para la ciudad: el nuevo Aeropuerto Internacional de Estambul, y el túnel ferroviario de Marmaray, que une las dos riberas (europea y asiática) bajo el estrecho del Bósforo.

2022. El 13 de noviembre, una bomba estalló en plena Istiklal, en el distrito de Beyoğlu, causando 6 muertos y más de 80 heridos. Las autoridades atribuyeron el acto al PKK.

2024. İmamoğlu fue reelegido alcalde de Estambul. Ese mismo año también se registró un ataque armado cerca del Palacio de Justicia, en un presunto incidente terrorista.

2025. En marzo, detuvieron a İmamoğlu, lo que generó manifestaciones masivas sin precedentes desde 2013, con cientos de miles que tomaron las calles en Estambul en apoyo al alcalde. A raíz del arresto, se convocó una elección interna en el Consejo Municipal de Estambul, que resultó en la designación de Nuri Aslan como alcalde interino.

◀ Solimán el Magnífico con su corte. Ilustración, siglo XVII.

Naturaleza y paisaje

▶ A la derecha, de arriba a abajo: el parque Emigan; un ave que cruzan Estambul y una cascada en Beykoz.

El tráfico, la contaminación y el aumento de la población hacen que no sea fácil encontrar zonas de relax en Estambul. Sin embargo, aunque las zonas verdes escasean, las mezquitas y palacios tienen patios con sombra que son auténticos oasis de tranquilidad. También hay varios cementerios bonitos, generalmente abandonados, por donde suelen pasear los estambulitas. Después de visitar el Topkapı Sarayı merece la pena admirar sus jardines y la panorámica de la ciudad. Afortunadamente, en los alrededores de Estambul se conservan algunos parajes intactos y no es necesario desplazarse muy lejos para ver lagos y montañas.

▌ Parques y jardines

El Jardín de la Rosa Imperial, en Topkapı Sarayı, es hoy un parque público llamado Gülhane Parkı, repleto de cafés, kioscos y zonas de picnic. La costa del Cuerno de Oro, escenario de extravagantes fiestas al aire libre en la época del imperio otomano, es hoy una zona verde, con parque infantil y bancos para sentarse. El fabuloso Yıldız Parkı, con zonas vírgenes alternando con jardines cuidados, es uno de los lugares favoritos. A muchos, los terrenos de Beylerbeyi Sarayı les impresionan más que el edificio mismo. En la costa asiática, los jardines de Fenerbahçe gozan de estupendas vistas de Sultanahmet y son los preferidos para hacer deporte.

▶ Festival de tulipanes de Estambul en Emirgan.

Observación de aves

Millones de aves que migran hacia el Mediterráneo oriental, entre las que destacan las águilas, los pelícanos, las cigüeñas o las grullas, eligen atravesar el Bósforo desde África, para evitar volar sobre grandes áreas de mar. El mejor punto de observación son las colinas de Çamlıca (Büyük y Küçük Çamlıca), en la costa asiática, al norte de Üsküdar, a primera hora. En la ciudad son bastante comunes las palomas, las golondrinas y las gaviotas; en los jardines se ven ruiseñores, vencejos y currucas. A lo largo del Bósforo, las cigüeñas anidan en torres y tejados.

Lagos y montañas

En la costa asiática del Bósforo, a unos 160 km de la ciudad, hay tres grandes lagos de agua dulce, idóneos para nadar. El más próximo es **Iznik Gölü** (Lago Iznik), más adelante está **Uluabat Gölü** (Lago Apolyont), y el último, **Kus Gölü** (Lago Manyas). En los tres habitan garzas, garcetas, cigüeñas blancas y pelícanos. Los humedales de la orilla noroeste del Lago Manyas pertenecen al Parque Nacional **Kuş Cenneti.** Al sur del mar de Mármara, cerca de Bursa, está la montaña Uludağ o Gran Montaña (2.500 m de altitud), ideal para esquiar o hacer excursiones desde la primavera hasta el otoño. La montaña de **Köroğlu Tepe,** a 160 km al oeste de Estambul, es otra alternativa, que ofrece además la posibilidad de conocer la Turquía rural.

Famosos de Estambul

❚ El brillo otomano

El sultán Solimán I (1520-1566) quería que le llamaran *kanuni* (legislador), pero los europeos se quedaron tan impresionados de sus cualidades como conquistador, además de como gobernante y legislador, que lo apodaron "el Magnífico". Con él, el imperio otomano alcanzó su apogeo. Solimán rompió con tradiciones otomanas y dio gusto a su esposa Roxelana, rusa de nacimiento, trasladando el harén a su palacio. Fue un gran poeta y mecenas de las artes.

▲ Mustafa Kemal Atatürk y Solimán el Magnífico.

Algunos de los habitantes y gobernadores de Estambul se hicieron tan famosos y legendarios como la propia ciudad. Desde su fundación, tuvo la urbe siempre un corazón muy cosmopolita y atrajo a escritores y viajeros.

❚ Bizantinos de leyenda

Constantino el Grande la proclamó capital del Imperio romano en el 330 d.C. para que fuese la capital cristiana. A su muerte, Constantinopla era ya cinco veces mayor que lo que había sido Bizancio. El Imperio bizantino llegó a su máximo esplendor durante el reinado de Justiniano (527-565), un general que anexionó al imperio España, parte de Persia, Egipto y zonas del Danubio. Promovió también la construcción de grandes iglesias, como Aya Sofya.

❚ Barbarroja

Jeireddín, más conocido como Barbarroja fue un almirante otomano y corsario turco, que sirvió bajo las órdenes del sultán Solimán. Fue una pesadilla para el Imperio Español de la época. Su tumba está en el barrio de Beşiktas.

❚ Mustafa Kemal Atatürk

El sultanato otomano fue abolido el 1 de noviembre de 1922; al año siguiente se fundó la República Turca y Mustafa Kemal fue su primer presidente. Por el decisivo papel que jugó en la modernización del país lo nombraron Atatürk, "Padre de los Turcos". Entre sus drásticas reformas destacan la sustitución de la escritura árabe por la latina y el traslado de la capital de la república de Estambul, que había sido la capital imperial durante seis siglos, a Ankara. En todos los museos hay relojes antiguos parados en la hora en la que él murió en 1938.

❚ Bülent Ersoy

Bülent Ersoy es una de las figuras más emblemáticas de la música turca, conocida por su poderosa voz y su dominio del repertorio clásico otomano. Nacida en Estambul en 1952, alcanzó la fama en la década de 1970 como una de las cantantes más destacadas del país. Tras someterse a una cirugía de reasignación de sexo en 1981, se convirtió en un símbolo de valentía y visibilidad para la comunidad trans en Turquía. Su carrera estuvo marcada por la censura y la controversia, pero también por un

◄ Entrada del hotel Pera Palace Hotel.

gran reconocimiento artístico. Admirada tanto por su talento como por su carácter indomable, sigue siendo una leyenda viva de la música turca.

▌ Escritores

El francés Pierre Loti excitó la imaginación de sus contemporáneos con la novela *Aziyade,* basada en su trágica historia de amor con una mujer perteneciente a un harén. Su compatriota Gustave Flaubert (1821-1880) escribió sobre las calles y los burdeles de Estambul. *Tren a Estambul* (1932) de Graham Greene, fue el primer éxito comercial de este autor. El escritor más importante de Estambul es Orhan Pamuk, desde *El libro Negro* (1990), a medio camino entre la novela policíaca y viaje filosófico por las calles de Estambul en busca de un amor perdido, hasta *Me llamo rojo* (1998), que recrea los misterios de la corte otomana; sin olvidar *Estambul* (2003), colección de ensayos sobre su ciudad natal, hasta *El museo de la inocencia* (2008), historia de un amor desesperado en la Estambul de los años 70 y 80 del siglo pasado.

▲ El escritor Orhan Pamuk.

▌ Agatha Christie

Aunque no nació en Estambul, la escritora británica Agatha Christie visitó la ciudad varias veces. Se alojó en el histórico hotel Pera Palace Hotel y se inspiró en la ciudad para su famosa novela *Asesinato en el Orient Express.* Su vínculo con Estambul la convierte en una turista de lujo del histórico Estambul. En 1974, Sidney Lumet adaptó esta novela, con un reparto estelar: Sean Connery, Jacqueline Bisset, Lauren Bacall, Anthony Perkins y Albert Finney.

Lugares **inolvidables** 10

Aya Sofya (Santa Sofía)

En la inauguración de la Aya Sofya, Justiniano declaró: "Oh Salomón, te he superado". Su obra sigue levantando elogios.

Vista desde el austero exterior, parece mentira que esta basílica haya sido el modelo de posteriores iglesias y de las extraordinarias mezquitas de Mimar Sinán; pero lo más sorprendente es la perfecta simetría y el esplendor de su interior.

La primera construcción fue emprendida por Constantino en el año 360, aunque resultó destruida por un incendio en el 404. En el 415 fue reconstruida por Teodosio II y durante la revolución de Nika en el 532 volvió a ser pasto de las llamas. La tercera reconstrucción la llevó a cabo Justiniano, del 532 al 537, encargándole las obras a Antemio de Tralles e Isidoro de Mileto que aplicando nuevas estructuras y métodos le dieron la impresionante apariencia que la convirtió en la joya del Imperio bizantino. Durante casi mil años Aya Sofya fue la catedral de Constantinopla y centro de la vida religiosa del Imperio bizantino, hasta que en 1453, pocas horas después de la conquista otomana de Constantinopla, Mehmet II ordenó convertirla en mezquita y en los años sucesivos se fueron añadiendo los minaretes y nueva decoración interior. En el 1935 Atatürk decidió transformarla en museo.

Santa Sofía se diseñó a modo de basílica organizada en torno a una planta rectangular básica, sobre cuyo centro se eleva una fantástica cúpula, lo mejor del edificio, que es la mayor basílica de la antigüedad. Corona la Puerta Imperial un bello mosaico del emperador León VI postrado ante Cristo; esta puerta estaba reservada para uso del emperador y conduce

Info

- II, C3-4
- Aya Sofya Meydanı, Sultanahmet
- https://ayasofyacamii.gov.tr/
- Todos los días: 9 h-16.30 h). Verano: 9 h-19.30 h. Viernes: 16.30 h-19.30 h. Desde 2024 los no musulmanes no podrán acceder a la planta baja de Santa Sofía, dedicada al rezo.
- Tranvía a Sultanahmet
- Tren de Marmaray (parada Sirkeci Istasyonu)
- Buenos (galerías, no)
- Arkeoloji Müzesi, At Meydanı, Sultanahmet Camii, Topkapı Sarayı, Yerebatan Sarayı.

▼ Exterior de Santa Sofía.

al nártex. A la derecha está el Vestíbulo de los Guerreros, con un exquisito mosaico de Constantino y Justiniano ofreciendo a Cristo y a la Virgen maquetas de Aya Sofya y Constantinopla.

El tamaño de la nave también es impresionante. Las 40 ventanas de la cúpula iluminan este inmenso espacio cuyas paredes y pilares están forrados de mármol; en el techo se conservan bellos mosaicos, que se aprecian mejor desde las galerías superiores. En la galería sur se conservan algunos de los mosaicos que en otra época cubrieron casi la totalidad de las paredes. Estos, como los otros mosaicos figurativos, son posteriores al período iconoclasta (730-843), pues en esa época estaba prohibida la representación de figuras humanas.

Otro elemento que llaman la atención al visitante son los ocho gigantescos medallones situados al nivel de las galerías, obra del calígrafo Azzet Efendi, y que contienen en letras doradas los nombres sagrados: Alá, Mahoma y los primeros califas e imanes.

En la nave central, cerca de las escaleras que llevan a las galerías superiores, se halla la llamada "columna que llora" o columna de San Gregorio, a la que se le atribuyen propiedades terapéuticas, especialmente contra la infertilidad. Existe la creencia de que introduciendo un dedo a través de un orificio que hay en la columna y describiendo un círculo tu deseo se cumplirá.

Una vez fuera de la basílica hay varias atracciones interesantes en el interior del recinto, entre ellas: los mausoleos (Türbe) de tres sultanes, el baptisterio de la iglesia, que fue posteriormente transformado en Türbe y donde reposan otros dos sultanes, y los restos excavados de la antigua Santa Sofía de Teodosio.

▲ Arriba a la izquierda, interior de Santa Sofía. Sobre estas líneas, detalles de mosaicos que decoran sus paredes.

Boğaziçi (Bósforo)

2

Merece la pena hacer un crucero por el Bósforo, admirando las *yalıs* (mansiones) bien restauradas, suntuosos palacios e impresionantes castillos.

Según la mitología griega, Zeus le fue infiel a su esposa Hera con una de sus sacerdotisas llamada Ío y para protegerla de la ira de Hera la transformó en una vaca. Hera descubrió el engaño y envió a un tábano para que le picara y persiguiera hasta la eternidad. Ío, tratando de escapar, saltó hacia Asia a través del estrecho dándole su nombre actual: Bósforo, que en griego significa "el paso de la vaca" *(Bous Poros)*.

En el siglo XVI el francés Petrus Gyllius describió los 35 km del Bósforo como "el estrecho que supera a todos los estrechos, porque con una llave abre o cierra dos mundos, dos mares" ya que el Bósforo comunica el mar Negro con el mar de Mármara, y separa Europa y Asia. El estrecho siempre ha sido un importante punto estratégico. En 1452, Mehmet II hizo erigir la fortaleza de **Rumeli Hisarı** (▶72) en la costa europea, frente a su homóloga asiática **Anadolu Hisari** (▶38), de menor tamaño, para cortar el aprovisionamiento y refuerzos de la ciudad.

Hay tres puentes que cruzan el estrecho. El puente Boğaziçi, de 1 074 m de largo fue completado en 1973. El segundo puente, el Fatih Sultan Mehmed posee una longitud de 1 014 m y fue completado en 1988. El tercer puente, llamado Yavuz Sultan Selim, fue finalizado en el 2016 y está situado a unos 19 km del primero Antes de la construcción de los puentes, la única manera de cruzar el estrecho era el barco, pero aún hoy en día millones de estambulitas continúan utilizando estos vapores para volver a sus casas o dirigirse a sus lugares de trabajo sin tener que sufrir el caótico tráfico de Estambul.

Los palacios imperiales que se conservan en el Bósforo son del siglo XIX. En la parte europea el **Dolmabahçe Sarayı** (▶52), última residencia imperial, y el **Çırağan Sarayı,** actualmente reconvertido en un lujoso hotel, ambos obra del arquitecto armenio Nikoğos Balyan. En la parte asiática el **Beylerbeyi Sarayı** (▶43) y el **Palacio de Küçüksu,** donde en tiempos de paz, los sultanes se dirigían en los elegantes esquifes que hoy se conservan en el **Deniz Müzesi.**

▲ De arriba a abajo: Çırağan Sarayı, terraza en Anadolu Kavaği y embarcaciones en el Bósforo.

Las costas están flanqueadas por bonitas *yalıs* y pueblos pesqueros, como **Arnavutköy,** que significa "pueblo de los albaneses" ya que anteriormente estuvo ocupado por la comunidad albanesa y posteriormente por la griega y aun cuenta hoy con una importante iglesia ortodoxa. Más hacia el norte, en la misma orilla europea se encuentra **Bebek,** considerado uno de los barrios mas ricos de la ciudad, que es, además, sede de la prestigiosa Universidad del Bósforo. Merece la pena visitar **Sarıyer** (►98), también en la costa europea, por su puerto, sus restaurantes de pescado y el **Sadberk Hanım Müzesi** (►73), maravillosa *yalı* que alberga una preciosa colección de arte otomano. En la parte asiática destacan **Kanlıca,** famosa por sus yogures y con bellos restaurantes a orillas del mar, **Çubuklu,** con su palacio del Jedive o Hıdiv Kasrı construido en 1907 por el último de los *khedives* (virrey) de Egipto, o **Anadolu Kavağı,** donde terminan su recorrido los vapores y desde donde se puede subir a la fortaleza genovesa (reconstruida sobre los restos de una fortaleza bizantina) que domina la entrada norte del Bósforo.

Desgraciadamente, hoy cruzan el Bósforo demasiados buques que, además de provocar fuertes olas, son una amenaza para la conservación de los palacios, mansiones y un potencial peligro para el medio ambiente de la zona.

Cabe destacar también el túnel ferroviario de Marmaray. El proyecto une las dos riberas (europea y asiática) bajo el estrecho del Bósforo. En total son 77 km y 43 estaciones por las que transitan más de 1 millón de pasajeros al día. El proyecto tuvo un coste de más 4 000 millones de dólares.

Info

- I, B3-4
- Autobús 40, 40T desde Taksim para la orilla europea; autobús 22, 22RE, 25E desde Kabatşy y 15 desde Üsküdar en la orilla asiática
- Tren de Marmaray (paradas Üsküdar y Sirkeci)
- Ferris desde Beşiktaş, Üsküdar, Kadiköy y Eminönü
- No
- Anadolu Hisarı, Beylerbeyi Sarayı, Deniz Müzesi, Dolmabahçe Sarayı, Ortaköy Camii, Rumeli Hisarı, Sadberk Hanım Müzesi, Selimiye Kışlası, Sarıyer
- Durante la primera luna llena del otoño *(Mehtap),* los pescadores salen en busca de bancos de pescado azul

▼ Estambul dividida por el Bósforo.

Kapalıçarsı (Gran Bazar)

3

Uno de los mayores y más famosos bazares cubiertos del mundo, el Kapalıçarsı, traslada al visitante al tiempo de las *Mil y una noches*.

Info

- II, C2-3
- Beyazıt
- Lun-sáb: 9 h-19 h. Cierra domingo
- Tranvía a Beyazıt
- Tren de Marmaray (parada Beyazıt-Kapalıçarşı)
- Pocos
- Beyazıt Camii, Beyazıt Meydanı, Çemberlitaş, Çorlulu Ali Paşa Külliyeşi, Mahmut Paşa Camii, Mısır Çarşısı, Nuruosmaniye Camii, Rüstem Paşa Camii
- Subastas: alfombras, miércoles a las 13 h en Sandal Bedesten

▼ Algunos de los numerosos puestos del Gran Bazar.

El Bazar Cubierto, o Gran Bazar, es un laberinto de 4 000 tiendas, talleres, puestos, *hans* (caravasares), restaurantes y casas de té que constituyen un área comercial única en la que trabajan más de 20 000 personas intentando vender todo lo vendible. Poco después de la conquista, Mehmet II mandó construir el mercado; desde entonces ha sufrido varios incendios (el último en 1950) con sus consecuentes restauraciones. Sin embargo, mantiene la misma estructura que en los tiempos otomanos. En cada calle se vende solo un tipo de producto, a pesar de que están proliferando tiendas de ropa occidental y objetos turísticos.

Al principio puede desconcertar, pero es fácil familiarizarse con las calles principales: Yağlıkçılar Caddesi, Halıcılar Caddesi y Kesecıler Caddesi. En el centro están los dos únicos *bedestens* (almacenes) originales que quedan: Iç Bedesten y Sandal Bedesten. En el primero, un edificio rectangular con 15 cúpulas, se vendía la mercancía valiosa pues era la única zona que se podía cerrar por las noches. Hoy abundan las tiendas de cerámica, joyas y alfombras; es el único resto de la construcción de Mehmet II. El segundo data de la época de Solimán; tiene 20 cúpulas y en él se realizan las subastas. Las tiendas de alfombras se encuentran alrededor de Halıcılar Caddesi. Las de joyas en Kalpakçılarbasi Caddesi y Aynacılar Caddesi. El cuero en Feçiler Caddesi o en el Sepetçi Han. Los zapatos en Kavaflar Cad. y la cerámica alrededor de Yağlikçılar Cad. Los libros antiguos en el Sahaflar Çarşısı.

Kariye Camii
(San Salvador en Chora)

La antigua iglesia de San Salvador en Chora reluce con los más bellos mosaicos que se puedan contemplar en cualquiera de las iglesias bizantinas.

4

En Chora significa "en el campo" porque la iglesia original quedaba fuera de las murallas de Constantino, pero quedó dentro de la ciudad cuando se levantaron las murallas de Teodosio. La iglesia actual data de 1081 y 50 años después de la conquista otomana se convirtió en mezquita; en la actualidad es un museo. Los mosaicos son el mejor exponente del arte bizantino. El esplendor con el que lucen hoy se debe a la estupenda restauración que hizo el Instituto Bizantino de América.

Sobre la entrada a la nave se halla el retrato de Teodoro Metoquitas, quien encargó los mosaicos en el siglo XIV. El realismo de estos mosaicos contrasta con el estilo hierático inicial del Imperio bizantino.

La luminosidad de los colores confiere a las escenas un cierto aire de espiritualidad. Se pueden dividir en siete grupos: las seis imágenes dedicatorias del nártex y el exonártex; la *Genealogía de Cristo,* en las cúpulas del nártex interior; los *Hechos de la vida de la Virgen,* en los vanos del nártex interior; la *Infancia de Cristo,* en los lunetos del nártex exterior; los *Discípulos de Cristo* en las bóvedas del nártex exterior; las imágenes de los Santos y los frescos que decoran la capilla lateral de la derecha, la *Parekklesia,* cuya perfecta ejecución y brillantes colores los convierten en uno de los grandes tesoros de la ciudad. Destaca el de la *Resurrección.*

Info

- I, B1
- Kariye Camii Sokak 18, Edirnekapı, Fatih
- https://muze.gen.tr/muze-detay/kariye
- 9 h-18 h
- Autobús 28 desde Eminönü a Edirnekapı; 87 desde Taksim a Edirnekapı
- Pocos
- Mihrimah Camii, Tekfur Sarayı, Murallas de Teodosio

▼ Detalles de los mosaicos y cúpula de San Salvador en Chora.

Sultanahmet Camii (Mezquita Azul)

5

La Sultanahmet Camii, también llamada Mezquita Azul, se reconoce en el perfil de Estambul porque es la única cúpula que cuenta con seis minaretes.

Esta impresionante mezquita está considerada como una de las maravillas arquitectónicas del mundo. Fue construida en 1616 por Mehmet Ağa, un discípulo de Sinán, por orden del sultán Ahmet I. Los cuatro minaretes que se levantan en las esquinas del patio cuentan con tres balcones *(verefes)*, los otros minaretes con dos, haciendo un total de dieciséis, desde los cuales los almuédanos llamaban a la oración.

Hay varias puertas monumentales que conducen al interior de la mezquita. A los visitantes se les pide que entren por la puerta lateral, pero los fieles lo hacen por la principal, mucho más espectacular, que era usada por la procesión del sultán para la oración del Viernes. El patio, con su pórtico de 30 cúpulas y la fuente para las abluciones en el centro, es inmenso, perfectamente proporcionado con respecto a las dimensiones de la mezquita.

El interior (53 m ancho por 51 m de largo) está cubierto por una gran cúpula que se apoya en otras semicúpulas que a su vez se apoyan en otras más pequeñas. La luz pasa a través de las 250 ventanas,

▼ Sala de oración de la mezquita.

que antaño tuvieron vidrieras. Los más de 20 000 exquisitos azulejos de Iznik que cubren la parte baja de las paredes le dieron el nombre de Mezquita Azul. Datan de fines del XIV y representan lilas, tulipanes, claveles y rosas, en tonos verdes y azulados. La parte de arriba está pintada con diseños más modernos. Destaca el exquisito trabajo en mármol, de principios del XVII, del *mihrab* y del *mimbar.*

Info

- II, D3
- At Meydanı, Sultanahmet
- https://www. bluemosquetickets.com
- 9 h-17 h
- Tranvía a Sultanahmet
- No
- At Meydanı, Aya Sofya, Halı Müzesi, Mozaik Müzesi, Sultanahmet Türbesi, Türk ve Islam Eserleri Müzesi

◄ El exterior, el interior y el patio.

Topkapı Sarayı (Palacio Topkapı)

6

Este suntuoso palacio, con el sugerente harén y las maravillas del tesoro imperial, revive el esplendor del Imperio otomano.

En 1461 Mehmet el Conquistador ordenó la construcción de Topkapı Sarayı (ver también ►11, 80), su palacio gubernamental, en el emplazamiento de la antigua colonia griega de Bizancio, un enclave ideal en el Bósforo que mira al mar de Mármara y al Cuerno de Oro. Cuando la residencia imperial de Beyazıt se quemó en 1541 (►42), Solimán el Magnífico trasladó su residencia aquí; fue un gran error mezclar los asuntos de familia con los de estado. El palacio se ampliaba y se mejoraba continuamente; en él llegaron a vivir 5 000 personas. En 1855 el sultán Abdülmecit trasladó la residencia familiar al Dolmabahçe Sarayı (►52), y en 1924 Kemal Atatürk inauguró el Topkapı como museo.

La impresionante **Bab-ı Hümayun**, entrada principal del palacio, conduce al primer patio o **patio de los Jenízaros,** quienes desfilaban en él y utilizaban como arsenal la Aya Irini Kilise (►40) o Santa Irene, en la esquina suroeste. La **Ortakapı** o Bab-üs Selam (Puerta del Saludo) en cuyas impresionantes torres gemelas vivía el verdugo, conduce al enorme segundo patio, o **patio del Divan,** desde donde el gran visir y los administradores gobernaban el imperio. A partir de esta puerta todo el mundo, excepto el sultán, debía entrar desposeído de sus monturas.

El edificio más importante de este patio es el **Diván (Kübbealtı)** donde el consejo de Estado se reunía para tomar decisiones administrativas relevantes, bajo la oculta mirada del sultán, que a través de una ventana enrejada llamada "el ojo del sultán" seguía las reuniones del Diván sin ser visto. Junto al Diván

Info

- 🏛 II, C4
- ✉ Sultanahmet, detrás de Aya Sofya (plano del museo (►81)
- 🌐 https://topkapi-palace.net
- 🕐 9 h-18 h
- 🚋 Tranvía a Sultanahmet
- 🚆 Tren de Marmaray (parada Sirkeci Istasyonu)
- ♿ Muy buenos
- ✛ Arkeoloji Müzesi, At Meydanı, Aya Sofya, Sultanahmet Camii, Ahmet III Çeşmesi, Aya Irini Kilise, Caferağa Medrese, Gülhane Parkı, Yerebatan Saray

► Quiosco de Bagdad en el palacio.

► De arriba a abajo: el harén, detalle de una de las ventanas y el comedor de Ahmet III.

se halla la **Puerta del Harén** (*Harem* significa "lo prohibido"), en otro tiempo protegido por eunucos negros, al que se accede por la **Puerta de Carruajes,** que se abre al lado del Diván. En las laberínticas habitaciones del harén, el sultán vivía con su inmensa familia, rodeado de intrigas, celos y asesinatos. Entre las estancias, destacan la habitación con chimenea, con una exquisita colección de azulejos de loza fina y chimenea de bronce; la **sala del Emperador,** la más grande del palacio; o el llamativo **salón de Murat III,** atribuido al genial Sinán, que se conserva en su estado original, con una fantástica chimenea de bronce, delicados azulejos de Iznik, un friso caligráfico y una fuente de tres pisos. En la habitación contigua se encuentra la **biblioteca de Ahmet I,** con fantásticas vistas al Bósforo, que alberga unas vitrinas con incrustaciones de turquesas y madreperlas. El comedor de Ahmet III está decorado en madera lacada con motivos de flores y frutas, típicos del decadente período del Tulipán. Pero lo más espectacular del harén era la "Jaula", creada como alternativa al asesinato de los hermanos de los sultanes. En ella vivían los potenciales rivales del sultán, en un lujoso pero total aislamiento, que les provocaba perversión o locura.

La **Bab-i Saadet (Puerta de la Felicidad)** da paso al tercer patio y era a partir de aquí donde comenzaba la vida privada del Sultán y la Corte. Aquí se sitúan las escuelas y las habitaciones en donde el sultán recibía a ministros y embajadores, como la **sala de Audiencias** (también conocida como sala del trono). Justo detrás se encuentra la **biblioteca de Ahmet III.**

A la derecha, con un pórtico abovedado, se halla la colección de vestidos imperiales; a continuación, el **pabellón del Conquistador,** que alberga el Tesoro Imperial, del que destacan el famoso diamante del cucharero, el quinto más grande del mundo, el trono de Murat III con 250 kg de oro puro y la daga de Topkapı. Atravesando el patio, uno de los pocos espacios abiertos al público, en 2023, era la sala de las **Reliquias Sagradas,** que alberga objetos sagrados de Mahoma y otros profetas, como la espada de David, la taza de Mahoma y el diente del Profeta. También se enseñan algunas de las espadas del Profeta y otras reliquias. El manto del Profeta (*Hirka-i-Saadet*), traído desde El Cairo por el sultán Selim I, se mostraba anualmente para su veneración durante el décimo quinto día del Ramadán. En el cuarto patio hay varios pabellones; sobresalen los azulejos de Bagdat Köşkü, el único pabellón abierto al público.

Süleymaniye Camii (Mezquita de Solimán)

7

Joya de la arquitectura clásica otomana, esta mezquita supera a cualquier otra por su diseño.

Construida entre 1550 y 1557, esta majestuosa mezquita representa la culminación de toda una vida de cooperación entre el genial arquitecto Mimar Sinán y su generoso mecenas, el sultán Solimán I. Se accede a ella a través de un amplio espacio abierto rematado con mármol, granito y columnas de pórfido, en el que se respira paz y armonía. En las esquinas del patio hay cuatro minaretes que, según se dice, señalan la posición de Solimán como cuarto gobernador otomano de Estambul; los diez balcones harían referencia a su décimo puesto desde Osmán.

Info

- II, B2
- Süleymaniye Caddesi
- Todo el día menos el tiempo de oración
- Tranvía a Beyazıt y Üniversite
- No
- Beyazıt Camii, Beyazıt Meydanı

▶ Vistas de la mezquita.

▼ Sala de oración.

La sala de oración, coronada por una magnífica cúpula central, llama la atención por su sencilla decoración. Se proyectó así, para que resaltaran los trabajos de mampostería. El arco del *mihrab* está suntuosamente decorado con azulejos de Iznik, que representan flores en tonos azules y verdes. Las puertas y contraventanas tienen profusas incrustaciones de madreperla y nácar.

El *türbe* (mausoleo) de Solimán se halla en el frondoso jardín que hay detrás de la mezquita. Es el mayor de todos los mausoleos diseñados por Sinán, con doble cúpula y adornado con azulejos de Iznik. El *türbe* de Roxelana, la esposa de Solimán, es más pequeño pero también está decorado con bellos azulejos. En comparación con ella, la tumba de Sinán pasaría inadvertida. Está en la esquina norte de la explanada. Hay muy buenas vistas de los patios del resto del complejo, que incluye varias escuelas, un hospital, una cocina pública, un bazar, un *hamam*, etc.

Yerebatan Sarayi
(Palacio Subterráneo)

Esta espectacular y bien restaurada cisterna bizantina, que suministraba agua a la Primera Colina de Estambul, es uno de los lugares más misteriosos de la ciudad.

Unos escalones oscuros y húmedos conducen a una reserva subterránea de 140 m de largo y 70 m ancho, en la que un bosque de columnas soporta un techo abovedado. Originalmente había 336 columnas, 90 de las cuales permanecen detrás de una pared desde el siglo XIX. Casi todas proceden de templos paganos y las dos cabezas de Medusa que sujetan las columnas son de Caledonia, ciudad de la costa asiática arrasada por Justiniano. Hay pasillos

▼ A la izquierda, el interior de la cisterna, y a la derecha, una de las dos cabezas de la Medusa.

sobre el agua que conducen a la fuente ornamental. La música clásica y el murmullo de fondo del agua completan el panorama.

Su construcción se atribuye a Constantino el Grande. También se conoce como Basílica de la Cisterna, porque sobre ella había una basílica, la Basílica Stoa, que fue destruida por un incendio en el 425.

La cisterna se reconstruyó y en el 532 Justiniano la amplió. Estuvo en uso durante todo el Imperio Bizantino y a partir de la conquista otomana se utilizó solo para regar los jardines de Topkapı Sarayı. Después, el rastro de la cisterna desaparece hasta que en 1545 el estudioso francés Petrus Gyllius comenzara sus investigaciones a partir de ciertas historias sobre gente que pescaba en los sótanos de sus casas. Bajó a través de un pozo y redescubrió lo que hoy se conoce como el Palacio Subterráneo o Hundido.

Se aconseja ir con cuidado por el interior de la cisterna ya que el suelo está mojado y resbala.

Info

🏛 II, C3
✉ Yerebatan Caddesi 13, Sultanahmet
🕐 Diario: 9 h-22 h
💻 www.yerebatan.com
🚋 Tranvía a Sultanahmet
♿ No
➕ At Meydanı, Aya Sofya, Sultanahmet Camii, Caferağa Medrese, Cağaloğlu Hamamı, Divan Yolu

Çemberlitaş Hamami

9

Uno de los mayores placeres en Estambul es tomar un baño turco, y este es uno de los más indicados para iniciarse.

Los que probablemente sean los más antiguos, bellos y limpios de la ciudad, estos baños *(hammam)* los mandó construir en 1584 la poderosa Nur Banu, madre del sultán reinante. Han perdido su decoración original y la habitación separada para las mujeres. Se encuentran ubicados muy cerca del Kapalıçarşı (Gran Bazar) y a pesar de ser de los más turísticos, vale la pena visitarlo tras un día de compras.

Cuenta con dos áreas separadas, aunque idénticas, una para hombres y otra para mujeres. Sus interiores son elegantes, con paredes y suelos de mármol, junto a columnas que sostienen numeras bóvedas por las que entra la luz natural. Los masajes son menos fuertes que en los demás baños, por lo que se recomienda empezar a probarlos aquí. Cuenta con diferentes tipos de tarifas según el tipo de servicio escogido. Un servicio completo, en el que se incluye, masaje, lavado exfoliante y masaje con diferentes aceites aromáticos, ronda las 900 TL. En el precio también está incluido unas zapatillas de madera, el *kessa* (guante-manopla exfoliante) y la tela tradicional que cubre las partes íntimas. Una vez concluido el baño masaje, uno puede disfrutar el tiempo que desee en las diferentes salas del hamman, tirándose agua por encima o bien relajándose sobre una piedra de mármol. La recepción también es un lugar grande y espacioso, ideal para relajarse una vez concluido.

Info

- II, C3
- Vezirhanı Caddesi 8
- 6 h-24 h
- www. cemberlitashamami.com.tr
- Tranvía a Çemberlitaş
- Eminönü Iskelesi
- Pocos
- Kapalıçarşı, Nuruosmaniye

▼ Interior de un *Hammam* tradicional y entrada al Çemberlitaş Hamami.

Galata Kulesi (Torre de Gálata)

La Torre de Gálata es una de las imágenes más icónicas de Estambul, con increíbles vistas a Beyoğlu y Karaköy gracias a su altura. Por la noche las luces la iluminan y se ve desde toda la ciudad.

Las vistas desde la Torre de Gálata, 61 m de altura y 140 m sobre el nivel del mar, son fantásticas. Se construyó en 1348 como bastión de refuerzo de las defensas genovesas, por lo que sus paredes tienen más de 3,6 m de espesor. En aquel entonces, la torre era conocida como la "Christea Turris", o la Torre de Cristo, por los mismos genoveses, mientras que los bizantinos se referían a ella como 'Megalos Pyrgos' o simplemente como la Gran Torre. Durante la época otomana fue observatorio y torre vigía de incendios.

◄ Interior de la Torre de Gálata.

▼ Las vistas desde la Torre de Gálata son espectaculares.

En 1509, la torre sufrió graves daños debido a un terremoto, pero fue restaurada por el famoso arquitecto otomano, Hayreddin, quien también construyó el famoso complejo Sultan Bayezid II en Edirne. En 1960 se reconvirtió en atracción turística y se instaló un ascensor hasta el penúltimo piso, del que salen unas escaleras a un balcón panorámico. Si el día es claro se ve el Bósforo, el Cuerno de Oro, Gálata y Eminönü.

Cuenta con nueve pisos. Un ascensor sube a los visitantes los primeros siete, pero los últimos dos solo son accesibles por unas empinadas escaleras. Arriba está escrita la historia de Hefarzen Ahmet Çelebi, quien en el siglo XVII, equipado con unas alas supuestamente diseñadas por él mismo, se lanzó desde la torre sobre el Bósforo y aterrizó ileso en Üsküdar, en la costa asiática. Ver el atardecer desde lo alto es una experiencia inolvidable. Además, la zona es uno de los lugares más encantadores y de ambiente bohemio de la ciudad, trufada de empedradas callejuelas repletas de cafeterías, restaurantes y galerías de arte.

Info

- III, C2
- Bereketzade, Galata Kulesi
- 8.30 h-22 h
- www.galata-tower.com/es
- Algunos
- Galata Köprüsü, Istiklâl Caddesi, Mevlevi Tekke

La
visita

La **esencia** de **Estambul**

Es única porque se asienta sobre dos continentes distintos; su parte europea está separada de la asiática por el estrecho del Bósforo, punto estratégico de capital importancia a nivel mundial. Su ubicación, con el puerto natural del Cuerno de Oro, es tan ventajosa que durante 16 siglos fue una ciudad anhelada por todos. En el 330 d.C., Constantino hizo de Bizancio la capital del recién cristianizado Imperio romano y, ya como Constantinopla, siguió siendo el orgullo del Imperio bizantino hasta la conquista otomana, en 1453. Durante casi 500 años, los sultanes otomanos dilapidaron sus fortunas para embellecerla con espléndidos palacios y mezquitas.

La ciudad

Estambul es una ciudad con muchos estratos. Los grandes monumentos de Sultanahmet son tan espléndidos que se podrían admirar durante varios días. Atravesando el legendario Haliç (Cuerno de Oro) por el Karaköy (puente de Gálata), se entra en otra ciudad antigua, la europea, con espléndidos edificios de principios del siglo xx y animación constante en sus decenas de bares y agradables restaurantes. Al Boğaziçi (el Bósforo), siempre ajetreado con muchos barcos, lo bordean palacios y *yalıs* en la costa europea, e impresionantes mezquitas en la asiática.

Muchos de los grandes monumentos se sitúan en los barrios de Sultanahmet, Eminönü y Fatih. Hay poca distancia de unos a otros y al ir andando es fácil encontrarse con un mercadillo, una *madrasa* (escuela coránica) en la que se oye a niños recitando versos del Corán, una pequeña mezquita o la tumba de un santo cubierta de ofrendas. Estas escenas callejeras son exóticas e intemporales, pero la ciudad tiene también otros rasgos: los bares de Ortaköy o los centros comerciales de Etiler y Levent son parecidos a los de Madrid o Nueva York.

¿Sabías que...?

Después de la conquista otomana, casi todas las iglesias se convirtieron en mezquitas y a los cristianos se les prohibió levantar iglesias con cúpulas, por lo que todos los templos posteriores, incluido Haghios Georgios, fueron construidos como simples basílicas con el tejado de madera.

◄ Torre Kiz Kulesi.

▼ Tranvía en Istiklâl Caddesi.

Otra característica de Estambul es que está en continua expansión, por lo que los mapas nunca están actualizados. Los turistas no siempre visitan las zonas de Suadiye y Bostancı en la costa asiática del Marmara Denizi (Mar de Mármara) o las de Nişantaşı y Taksim, donde están las tiendas, restaurantes y bares de moda, pero son tan representativos de la ciudad como los minaretes. La originalidad de la ciudad se manifiesta en las caras de la gente en la calle: agricultores de Anatolia, turistas occidentales, estudiantes turcos, trabajadores kurdos, caballeros estambulinos y comerciantes de Uzbekistán o Rusia.

LO QUE HAY QUE VER EN ESTAMBUL

I AHMET III ÇEŞMESI (FUENTE)   ✽

Está situada delante de la Bab-ı Hümayun del Topkapı Sarayı (►28) y se construyó por orden del sultán Ahmet III en 1729 en estilo rococó. La ciudad era en aquella época un lugar de placer y diversión y de ese período apenas se conserva nada más que esta elegante fuente. Decorada con esculturas y azulejos azules y verdes parece que cambia constantemente de color. En cada esquina hay una especie de mostrador, desde el cual los criados servían al público agua, en copas de plata. En la parte de arriba se pueden ver los versos del poeta Seyit Vehbi Efendi, que revelan la fecha de la construcción mediante anotaciones alfabéticas.

I ANADOLU HISARI   ✽

Construido por orden del sultán Beyazıt I alrededor del 1390, el pequeño Anadolu Hisarı (castillo anatolio) está frente a Rumeli Hisarı (►72), al otro lado del Bósforo, en su tramo más estrecho. Una escalera conduce al torreón, lugar de reunión de los bebedores locales, y desde las murallas las vistas del estrecho son estupendas. Al pie del castillo discurren los ríos Göksu Deresi y Küçüksu, conocidos entre los antiguos viajeros europeos como "las dulces aguas de Asia". A la nobleza otomana le gustaba ir allí de merienda. Se alquilan barcas de remos para navegar por el Bósforo.

I ISTANBUL ARKEOLOJI MÜZELERI (MUSEOS ARQUEOLÓGICOS)   ✽✽✽

Es uno de los centros de exposiciones más importantes del mundo, gracias a su riquísima colección de objetos antiguos procedentes de Anatolia, el Mediterráneo oriental y Oriente Medio. Está compuesto por tres estructuras: el Museo del Antiguo Oriente,

····

- 🕐 II, C4
- ✉ Bab-ı Hümayun Caddesi, delante de la entrada a Topkapı Sarayı, Sultanahmet
- 🚋 Tranvía a Sultanahmet Tren de Marmaray (parada Sirkeci Istasyonu)
- ♿ Buenos
- ⊕ Aya Sofya, Topkapı Sarayı, Aya Irini Kilise

····

- ✉ Costa asiática del bajo Bósforo, a 6 km del Puente del Bósforo
- 🕐 Oficialmente no está abierto, pero se puede acceder
- 🚌 Bus desde Çengelköy
- ♿ No
- ⊕ Küçüksu Kasrı

····

- 🏛 II, C4
- ✉ Alemdar Caddesi,Osman Hamdi Bey Yokuşu,Gülhane
- 🕐 Mar-dom: 9 h-18.50 h, verano hasta 21 h
- 🔗 https://muze.gov.tr
- 🚋 Tranvía a Gülhane Tren de Marmaray (parada Sirkeci Istasyonu)
- ⚓ Eminönü Iskelesi

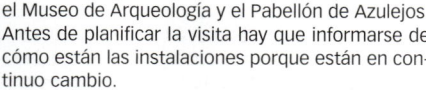

▲ A la izquierda, fachada del Museo Arqueológico. Arriba, el sarcófago de las Amazonas.

el Museo de Arqueología y el Pabellón de Azulejos. Antes de planificar la visita hay que informarse de cómo están las instalaciones porque están en continuo cambio.

En la planta baja del **Museo de Arqueología,** según se entra a la izquierda, hay expuestos varios sarcófagos entre los que destaca el de Alejandro (siglo IV a.C.), descubierto en Sidon (Líbano).

El **Museo del Antiguo Oriente** alberga una estupenda y poco iluminada colección de arte mesopotámico, egipcio y objetos de la Anatolia hitita. Contiene el tratado de paz más antiguo del mundo, el Tratado de Kadesh, suscrito en 1269 a.C. entre el faraón Ramsés II y el rey hitita Muvatellish. También destaca el relieve en loza de un animal (siglo VI), procedente de la calzada procesional de Babilonia.

Por último, frente al Museo de Arqueología el **Çinili Köşkü** (Pabellón de Azulejos) del XV, es el edificio civil más antiguo de Estambul. Fue pabellón de caza y está decorado con caligrafías y azulejos de color turquesa. Alberga la colección de porcelana de Selçuk y de azulejos de Iznik.

❚ ASKERI MÜZESI (MUSEO MILITAR)   ✶✶
El museo lo constituyen una muestra de recién restaurados cañones, armas y uniformes y una suntuosa capilla dedicada a los héroes de la nación turca. En esta segunda parte destacan los maravillosos bordados de las tiendas de campaña otomanas, la colección en miniatura de trajes jenízaros y la cadena bizantina que cerraba el Cuerno de Oro. Sin embargo, lo mejor del museo es escuchar a la banda de jenízaros que interpreta marchas en la calle.

• • • • • • • •

🗺 I, A3
✉ Valikonağı Caddesi, Harbiye
🖥 https://askerimuze.msb.gov.tr/
🕐 Martes-dom: 9 h-16.30 h. Cierra lunes
♿ No
ℹ La banda de jenízaros interpreta ciertos días. informaros antes de ir.

La Banda Mehter se fundó en 1289 y pronto se convirtió en símbolo del poder del Imperio otomano. Los jenízaros acompañaban al sultán a la guerra e interpretaban animadas canciones sobre batallas victoriosas y héroes otomanos. Su fama llegó a Europa e influyeron en compositores de la talla de Mozart o Beethoven. En 1826 el sultán Mahmut II abolió este ejército regular de élite.

▌ ATATÜRK MÜZESI   ✳

I, A3
Halaskârgazi Caddesi 250, Şişli
9 h-17 h.
Cierra lunes

Atatürk, el venerado fundador de la Turquía moderna, y su familia vivieron en esta casa de tres plantas hasta la revolución de 1919. Están expuestos algunos de sus efectos personales, cartas originales y fotografías, de interés tanto para historiadores como admiradores.

▌ ATIK ALI PAŞA CAMII   ✳

II, C3
Yeniçeriler Caddesi, Çemberlitaş
Abierta todos los días excepto durante los rezos
Tranvía a Çemberlitaş
No
Kapalıçarşı, Çemberlitaş, Nuruosmaniye Camii

Esta mezquita, justo al lado de la Çemberlitaş o Columna de Constantino (▶49) es de las más antiguas de la ciudad. La mandó construir en 1497 el eunuco Ali Paşa, que fue gran visir de Beyazıt II. También se conoce como la "mezquita de los trabajadores de la madreperla" porque antaño estaba rodeada de talleres. Resulta interesante la sala central por cómo está dividida: parte bajo una cúpula central y parte bajo media cúpula sobre el *mihrab*. No hay que olvidar fijarse en las pechinas excavadas en la piedra debajo de la media cúpula y de las cúpulas pequeñas.

▌ AT MEYDANI (HIPÓDROMO)   ✳✳✳

II, C-D3
At Meydanı, Sultanahmet
Tranvía a Sultanahmet
Buenos
Aya Sofya, Sultanahmet Camii, Yerebatan Sarayı, Divan Yolu, Türk ve Islam Eserleri Müzesi
Durante el Ramadán se monta una animada feria con puestos de comida, teterías y música

Resulta impresionante esta gran explanada flanqueada por el Sultanahmet Camii y la Aya Sofya, restos de la Constantinopla monumental.

La pista del Hipódromo, de 480 m de longitud, la construyó el emperador Septimio Severo en el siglo II d.C. y Constantino el Grande la remodeló. La calle que hoy rodea la plaza era la antigua pista, pero el anfiteatro fue destruido para levantar la **Sultan Ahmet Camii** (▶26). Al este estaba el palco imperial (Kathisma), que se comunicaba con el palacio de los emperadores. Aunque los otomanos derribaron muchos de los monumentos que había alrededor, el Hipódromo siguió siendo escenario de las celebraciones estatales y de las ejecuciones.

▌ AYA IRINI KILISE
(IGLESIA DE SANTA IRENE)   ✳✳

Data del siglo IV, es la segunda iglesia en tamaño (tras la de Aya Sofya) y una de las más antiguas

▲ Interior de la iglesia de Santa Irene.

de Estambul. Las excavaciones demostraron que en ese lugar existieron templos anteriores dedicados a dioses romanos. En contra de lo que solía ocurrir, Aya Irini no se transformó en mezquita. Hasta el siglo XIX fue usado como arsenal militar del Topkapı Sarayı. De 1919 a 1946 alojó el Museo Militar y en la actualidad, tras una reforma exhaustiva, se ha convertido en sala de conciertos y exposiciones especiales.

Aya Irini fue construida como una basílica con cúpula, con dos hileras de columnas y tres naves. La mayoría de los mosaicos han desaparecido, dejando al descubierto las bóvedas de ladrillo que soportan la cúpula de la nave central. En el ábside se conserva un mosaico de una cruz sobre un fondo dorado que pudo ser parte de la decoración original, y el único *synthronon* (asientos para el clero) que hay en la ciudad. Aquí reina un ambiente de espiritualidad. En el extremo occidental de la iglesia se abren cinco puertas que dan al único patio bizantino que se conserva en Estambul; está lleno de tumbas antiguas.

❚ AYA SOFYA (▶20)   ★★★

❚ BALKAPANI HANI (CARAVASAR DE LA MIEL)   ★

Detrás de la mezquita de Rüstem Paşa (▶73) todavía hay varios *hans* o caravasares que se remontan a las épocas bizantinas. Los edificios del Balkapanı Hanı son otomanos, pero el patio es el original. Las

Aya Irini Kilise
- II, C4
- Primer Patio de Topkapı Sarayı, Sultanahmet
- 9 h-18 h
- Tranvía a Sultanahmet
- Pocos
- Arkeoloji Müzesi, Topkapı Sarayı, Ahmet III Çeşmesi
- Consultar en la oficina de turismo los conciertos y las exposiciones

Balkapani Hani
- II, B2
- Balkapanı Sokak, sale de Hasırcılar Caddesi, Eminönü
- Horario comercial. Cierra domingo
- No
- Mısır Çarşısı, Rustem Paşa Camii, Yeni Camii

▲ Distintas vistas de Beyazit Camii.

● ● ● ● ● ● ● ●

🔼 II, C2
✉ Beyazıt Meydanı
🕐 Horas de oración
🚋 Tranvía a Beyazıt
♿ Pocos
✚ Kapalıçarşı, Çorlulu Ali Paşa Külliyesi, Süleymaniye

escaleras que salen del centro de este ajetreado patio conducen a los almacenes bizantinos. Hoy se siguen usando, como siempre, para almacenar mercancía importada, que ya no es miel, sino juguetes fabricados en China.

❙ BEYAZIT CAMII ★★★

Beyazıt Camii es la mezquita imperial más antigua que se conserva; es el ejemplo perfecto de la arquitectura clásica otomana. Se construyó entre 1501 y 1505 por orden de Beyazıt II, hijo de Mehmet II el Conquistador, con la misma planta que Aya Sofya; tiene una gran cúpula central y dos semicúpulas laterales. El *loge* (asiento elevado) del sultán se apoya sobre maravillosas columnas de mármol. El patio es uno de los más bellos de la ciudad, con pavimento de mármol multicolor y arcos descansando en columnas de pórfido y granito, con capiteles islámicos. Los minaretes tienen incrustaciones de piedra roja y están adornados con escritura cúfica. La puerta de al lado de los cafés da al jardín y a la tumba del sultán Beyazıt.

▌ BEYAZIT MEYDANI ✱✱

Esta bulliciosa plaza situada junto al Kapalıçarşı, o Gran Bazar (►24), está dominada por la vieja Beyazıt Camii (►42) y por la puerta de la Universidad de Estambul. Además de ser un mercado abierto repleto de pequeños puestos, la plaza es también punto de encuentro de multitud de estudiantes. Si os situáis frente a la mezquita, con la universidad a la espalda, a la izquierda se levanta la **Biblioteca Estatal de Beyazıt** *(Beyazıt Devlet Kütüphanesi),* que cuenta con una hermosa sala de lectura en la que se puede echar un vistazo pidiendo permiso al guardia. La universidad se construyó en lo que fue el palacio de Mehmet el Conquistador, incendiado en 1541, y conserva cierto esplendor. En el patio de la universidad se levanta la **Torre Beyazıt,** usada para vigilar y descubrir incendios, que se ve desde cualquier punto de la ciudad.

- 🔲 II, C2
- ✉ Oficialmente se llama Hürriyet Meydanı (Pza. de la Libertad), Beyazıt
- 🕐 Biblioteca Estatal de Beyazıt. 9 h-23 h
- 🚊 Tranvía a Beyazıt
- ♿ Pocos
- ✚ Kapalıçarşı, Beyazıt Camii, Divan Yolu, Süleymaniye

▼ El estupendo Beylerbeyi Sarayi.

▌ BEYLERBEYI SARAYI
(PALACIO DEL SEÑOR DE LOS SEÑORES) ✱✱

Aunque semioculto por el puente del Bósforo, este gran palacio de mármol se construyó en un tiempo récord, entre 1861 y 1865, para que fuera palacio de verano del sultán Abdülaziz (1861-1876). Durante su construcción, el monarca contrató a 400 músicos para animar a los trabajadores a que se esforzaran. Ubicado entre jardines, tiene más de 3 000 m²; el exterior es muy europeo pero respeta la división tradicional otomana de separar el harén y el *selamlık* (zona masculina).

- ✉ Çayırbaşı Durağı Abdullahağa Caddesi Beylerbeyi, costa asiática del Bósforo
- 🕐 Visitas guiadas: invierno, 9.30 h-17.30 h; verano: 9 h-18 h. Cierra lunes
- 💻 www.millisaraylar.gov.tr
- 🚢 Desde el muelle nº 1 en Eminönü, a Üsküdar, luego, autobús nº 15, parada Çayırbaşı
- ✚ Üsküdar

UN PASEO A PIE

Beyazıt y Kapalıçarşı (Bazar Cubierto)

Recorrido
Aprox. 2 km

Duración
3-4 horas (depende de las compras), y 1-2 horas los *hamam*

Punto de partida
II, B2
Süleymaniye Camii
Beyazıt

Fin del trayecto
II, C3
Çemberlitaş Hamamı
Çemberlitaş

Refrigerios
Çemberlitaş Hamamı (M)
Vezirhan Caddesi 8

❚ Empiece su camino desde la emblemática **Süleymaniye Camii** (►30).

Después de visitarla siga los muros de la universidad a la izquierda y llegará a **Beyazıt Meydanı** (►43).

❚ Sorprende mucho el contraste entre los estudiantes y la gente del mercadillo. Pase por la puerta de la Universidad y pasee por sus jardines, admirando la torre de Beyazıt (1828), usada antiguamente por los bomberos así como los numerosos edificios de estilo barroco diseñados por el arquitecto francés Burgeois en 1866.

Vuelva otra vez a la plaza para seguir el recorrido.

❚ Entre en el patio de la **Beyazıt Camii** (►42) y salga por el otro lado; pase por delante de los cafés que hay a la izquierda. De aquí sale un pasaje que conduce al **Sahaflar Çarsısı,** un encantador mercado de libros.

Vaya hasta el final y atraviese el Çadırcılar Caddesi. A la derecha hay una entrada al **Gran Bazar Cubierto** (►24), Fesçiler Caddesi.

❚ Más a la izquierda está el **Şark Kahvesi,** un sitio ideal para sentarse en una mesa al aire libre y ver pasar la vida.

Gire a la izquierda por Yağcılar Caddesi y luego a la derecha, **Halıcılar Caddesi.**

❚ Aquí se venden las mejores alfombras.

En el **Fes Café** (►109) gire a la izquierda, hacia el Bazar Viejo. Siga recto hasta el tercer cruce y llegue a Kalpakçılar Caddesi, la entrada principal al bazar. Gire a la izquierda y salga del bazar por la puerta Nuruosmaniye. Gire a la derecha y otra vez a la derecha y llegue a la **Columna de Constantino** (►49).

❚ Junto a la columna se hallan **Vezir Hanı,** antaño el principal mercado de esclavos, y **Çemberlitaş Hamamı,** donde se puede hacer una parada para disfrutar de un masaje y un baño.

▼ Tiendas en el Gran Bazar.

▲ La cisterna Binbirdirek.

Se conserva la mayoría del suntuoso mobiliario, incluidos los pesados candelabros bohemios y venecianos, los floreros de porcelana china, muebles dorados franceses y alfombras turcas. La cocina y zona de servicios está en la planta baja, de la cual sale una majestuosa escalera que conduce a los 6 impresionantes salones y las 20 habitaciones de las dos plantas. Las sillas del comedor del harén y del *selamlık* las talló el sultán Abdul Hamid II, que estuvo encarcelado aquí entre 1912 y 1918.

❚ BINBIRDIREK SARNIÇ (CISTERNA) ✳

Es la segunda cisterna en tamaño; cuenta con 224 columnas (y no con las 1.001 que significa su nombre). Puede que sea del siglo v, aunque la construcción se le ha atribuido a Philoxenes, emperador romano del iv d.C. que acompañó a Constantino a la ciudad. Durante el siglo xv se secó y en la época otomana se utilizó como fábrica de hilados. No es tan impresionante como la Cisterna Basílica, debido a que se ha vaciado de agua y tiene un piso falso.

🔲 II, C3
✉ Imram Oktem Sok. 4, Sultanahmet
🕐 9 h-17 h
♿ Aceptable
🚋 Tranvía a Sultanahmet
➕ Yerebatan Sarayı, Çemberlitaş, Divan Yolu

❚ BODRUM CAMII (MESIH PAŞA CAMII) ✳

A principios del siglo x, el emperador romano I Lecapeno construyó una iglesia adosada a su palacio, levantando ambos edificios sobre una cisterna del siglo v. La planta de la iglesia es la bizantina tradicional: un nártex, una nave con columnas que la dividen en tres y una cúpula con ventanas sobre el transepto. Tras la muerte del emperador, su viuda, Teófano, convirtió el edificio en un convento, el de

🔲 II, C1
✉ Dr. Naci Şensoy Caddesi, Küçük Değirmen Sokak, 34
🕐 Cripta y cisterna cerradas durante los rezos, pero se ve desde las escaleras a la derecha del minarete
♿ No
➕ Beyazıt Meydanı, Laleli Camii

UN PASEO A PIE

Por el Haliç (el Cuerno de Oro)

Distancia
2,5 km

Duración
2-3 horas

Punto de partida
🚋 II, B1
🕌 cueducto de Valente
🚫 No hay transporte público

Fin del trayecto
🚋 II, A1
Ⓜ ibali Caddesi
🚌 Autobús a: Taksim 55T
   Eminönü 44B, 99

Comida
Cafeterías a la orilla del
Cuerno de Oro

▶ Baño turco ricamente
ornamentado.

▼ Interior de la mezquita
Zeyrek.

❚ Coja un taxi al **Acueducto de Valente** (Bozdo-
gan Kemeri (▶47), que cruza Atatürk Bulvarı. Cerca
del acueducto hay una madresa del siglo XVI que
alberga el Karikatür Müzesi (▶59), reflejo del sentido del humor de los turcos.

Camine junto al acueducto hasta Itfaiye
Caddesi.

❚ A unos 200 m, a la derecha, se sitúan unos de los
baños más bonitos de la ciudad, **Çinili Hamamı**
(Baños Azulejados), diseñados por el gran Sinán
en 1545. Están bien restaurados y se construyeron
para el famoso pirata Barbarroja (▶16).

Continúe colina abajo y a unos 100 m gire a la
izquierda, por la **Zeyrek Camii** (▶87). Después
de visitar este mezquita, continúe por Ibadethane Sokak.

❚ Zeyrek es un barrio muy pintoresco: calles es-
trechas y con escaleras jalonadas de antiguas
casas de madera y pequeñas mezquitas. Ideal
para pasear.

Camine hasta Çırçır Caddesi y gire a la derecha
por Hacı Hasan Sokak; al final está Eğri Minare
Camii, la mezquita del minarete inclinado. Gire
a la derecha e inmediatamente a la izquierda
y llegará a **Eski Imaret Camii.**

❚ Esta bonita iglesia bizantina del siglo XII posee el
exterior más impresionante de todas las iglesias
de Estambul. Su cúpula tiene doce caras y conserva los azulejos; en los ladrillos se ven dibujos
de esvásticas y llaves griegas.

Fuera, en la plaza, admire la panorámica del
Bósforo. Continúe recto por Cibali Caddesi,
hacia el bonito y cuidado parque que hay a lo
largo de la orilla occidental del Cuerno de Oro.

Myrelaion. La viuda fue enterrada en la cripta, hoy cerrada al público. A finales del XV, poco después de la conquista otomana, el gran visir Mesih Paşa, un musulmán converso, transformó el convento en mezquita. Se conoce como mezquita de Bodrum por su subestructura, ya que *bodrum* significa sótano.

▌ BOĞAZIÇI (BÓSFORO) (▶22, 96) ★★★

▼ Acueducto de Valente.

▌ BOZDOĞAN KEMERI (ACUEDUCTO DE VALENTE) ★★

Este acueducto, que cruza el bulevar de Atatürk, fue construido por el emperador Valente a finales del siglo IV entre la tercera y cuarta colina de la ciudad antigua y constituía un eslabón más en la red de distribución del agua que era llevada desde el bosque de Belgrado (▶91) a varias cisternas de la ciudad. En el siglo VII Heraclio lo derribó y más tarde fue reconstruido por Solimán el Magnífico, y estuvo en uso hasta principios del siglo XIX. El acueducto de 29 m de altura, tenía originalmente 1 km de longitud del que se conservan unos 700 m en la actualidad.

- II, B1
- Saraçhanebaşı Meydanı, entre Fatih y Unkapanı
- Pocos
- Fatih Camii, Kalenderhane Camii, Karikatür Müzesi, Şehzade Camii

▌ BULGAR KILISE (IGLESIA DE SAN ESTEBAN DE LOS BÚLGAROS) ★

Conocida también como Sveti Stefan, se erige en el lugar de una antigua iglesia de madera que ardió, junto al Cuerno de Oro. Destaca su campanario de 40 m de altura, cuyas seis campanas fueron fundidas en la ciudad rusa de Yaroslav, a orillas del Volga. Prefabricada en Viena y construida totalmente en hierro fundido, esta original iglesia del XIX fue transportada por el Danubio hasta este lugar. Conmemora el momento en el que la iglesia ortodoxa búlgara declaró su independencia respecto a la autoridad del patriarca griego de Constantinopla.

- Mürsel Paşa Caddesi, Fener
- 9 h-17 h
- Fener Iskelesi
- Pocos
- Haghios Georgios
- 55T desde Taksim 44B, 99 desde Eminönü

▶ Cagaloglu Hamami

Los primeros patriarcas búlgaros fueron enterrados aquí. La pequeña comunidad búlgara de Estambul sigue acudiendo a esta iglesia, medio perdida en la carretera del Cuerno de Oro y hoy bien restaurada.

I CAFERAĞA MEDRESE ✳

Escuela coránica construida por Mimar Sinán en 1559 como colegio religioso para Caferağa, el jefe de los eunucos negros de Solimán el Magnífico. El patio está adornado con un busto del arquitecto. Lo que eran las celdas de los estudiantes hoy son talleres de artesanos que demuestran sus trabajos de papel-mármol *(ebru),* bordados y cerámica.

I CAĞALOĞLU HAMAMI ✳✳

Los bonitos y célebres Cağaloğlu Hamamı se construyeron en 1741 para pagar el mantenimiento de la biblioteca de Mahmut I, en la Aya Sofya (▶20), en la parte antigua de la ciudad, están muy cerca uno del otro. Hay un anillo de columnas que rodea la cúpula central del *hararet,* la sala cruciforme del vapor. Destaca el detalle de los lavabos de mármol y los grifos. Son unos baños muy limpios y al estar habituados a los turistas son uno de los mejores *hamam* para iniciarse en el ritual turco del baño, si bien resultan caros.

• • • • • • • •

✉ Caferiye Sokağı junto a Aya Sofya, Sultanahmet
🕐 Lun-sáb: todo el día
🚊 Tranvía a Sultanahmet
♿ Pocos
➕ Aya Sofya
🌐 https://www.tkhv.org.tr/

• • • • • • • •

✉ Alemdar Mah Profesör Kazim Ismail Gürkan Cad. 34
🌐 www.cagalogluhamami.com.tr
🚊 Sultanahmet
🕐 Lun-jue: 9 h-22 h; vier-dom: 9 h-23 h

CEMBERLITAŞ
(COLUMNA DE CONSTANTINO) **

Este ennegrecido montón de piedras, soportadas por unos aros de hierro, son un símbolo de la resistencia de la ciudad, pero la verdad es que podría pasar inadvertido. La columna la erigió Constantino el Grande el 11 de mayo del 330 d.C para celebrar el nombramiento de Constantinopla como capital del Imperio romano. Se elaboró con pórfido griego, el más preciado de los mármoles de la época y se remató con una estatua del emperador. Originalmente se estima que la columna alcanzaba los 50 m de altura aproximadamente, incluyendo la estatua superior. Fue ubicada en el foro de Constantino. En 1779 el mismo fuego que destruyó el Bazar Cubierto, quemó la columna.

- II, C3
- Divan Yolu Caddesi
- Tranvía a Çemberlitaş
- Buenos
- Kapalıçarşı, Çorlulu Ali Paşa Külliyesi, Divan Yolu, Nuruosmaniye Camii

CEMBERLITAŞ HAMAMI (►32) ***

ÇORLULU ALI PAŞA KÜLLIYESI **

Siguiendo el cartel que indica al Jardín Mágico se llega a un *külliye*, una institución piadosa que mandó construir Ali Paşa a principios del siglo XVIII. Sufrió exilio y fue ejecutado; su cabeza se colocó después en su tumba. En el recinto se han instalado tiendas de alfombras excelentes y una bonita casa de té que hay en el jardín. Sentarse y disfrutar de un *çay* para suavizar la garganta después de fumar una *nargile* (pipa de agua) con tabaco aromático con miel, es todo un placer. La magia flotará en el aire. Es un buen lugar para comprar una pipa de agua.

- II, C3
- Yeniçeriler Caddesi 36, Eminönü
- Jardín, hasta medianoche. Cierra domingo
- Tranvía a Sultanahmet
- Kapalıçarşı, Atık Ali Paşa Camii

DENIZ MÜZESI (MUSEO MARÍTIMO) **

La caótica muestra de cañones y torpedos que puede verse en el jardín no resulta muy interesante, pero en el interior del Museo Marítimo se guardan auténticas joyas de la historia naval turca. Las primeras salas están dedicadas a Atatürk, el camarote de su yate *Savarona* incluido. El resto son una colección en miniatura de soldados otomanos, mapas antiguos (uno del siglo XVI de la costa norteamericana), espadas y varios modelos de uniformes otomanos. También hay objetos relacionados con Hayrettin Paşa, el famoso pirata Barbarroja que luego se convirtió en almirante otomano. Pero lo más sobresaliente del museo es la colección de esquifes que utilizaban los sultanes para desplazarse a sus palacios del Bósforo.

- I, B4
- Cezayir Caddesi 1
- www.denizmuzeleri.tsk.tr
- Mar-vie: 9 h-17 h; sáb-dom: 10 h-18 h
- Beşiktaş Vapur Iskelesi (muelle del ferri)
- Dolmabahçe Sarayı, Yıldız Parkı

DIVAN EDEBIYATI MÜZESI (MUSEO DE LITERATURA DE DIVAN), VER MEVLEVI TEKKE (►65)

LO QUE HAY QUE SABER

Si dispone de poco tiempo para visitar Estambul pero quiere conocer lo auténtico de la ciudad, aquí tiene algunas ideas:

▌Para no desentonar

✓ **Aprenda todas las palabras y expresiones turcas que pueda.** Los turcos aprecian que se les salude con respeto.

✓ **Quítese los zapatos** antes de entrar en una mezquita o una cripta. Cúbrase las piernas y los brazos. Las mujeres también deben cubrirse la cabeza.

✓ **Regatee bien**, pero antes consulte otros precios. No se fíe de los guías, aunque sean amigos.

✓ **Coma "a la turca"**, cuando le inviten pruebe de todo lo que le sirvan, pero no repita. Nunca se suene las narices en la mesa.

✓ **Tómese un respiro** y vaya de merienda al Yıldız Parkı (▶86).

✓ **En verano** vaya a las Islas Adalar (▶89). Miles de familias huyen de la contaminación y el calor hacia esta zona.

✓ **Tómese un desayuno turco (***kahvaltı***):** *çorba* (sopa), *börek* relleno de carne o queso, o *simit* (pan con semillas de sésamo). En la calle.

✓ **Bromee como un turco;** visite el Karikatür Müzesi (▶59) para hacerse una idea de su sentido del humor.

✓ **Busque trastos y libros viejos los domingos** en el Mercadillo de Ortaköy (▶67) o visite los bares de moda.

✓ **Pase la noche en una casa de madera del viejo Estambul:** Ayasofya Pansiyonları (▶110), Empress Zoe (▶110), Romance Hotel (▶110).

▌10 Buenos sitios para comer

✓ **Hayvore (E-M)** (▶104) Cocina del mar Negro.

✓ **Meşhur Sultanahmet Köftecisi (E)** Famoso por sus *Köfte* (albóndigas turcas).

✓ **Kumkapı (M)** (▶102) Excelentes restaurantes de pescado.

✓ **Pandeli (M)** (▶102) Un clásico con vistas.

✓ **Pizzería Pidos (E-M)** (▶106) Excelentes pizzas.

✓ **Nizam Pide Salonu (E)** (▶104) Donde preparan unas de las mejores pizzas turcas.

✓ **Kadi Nimet Balıkçılık (E-M)** (▶105) Pescado fresco y de calidad en la parte asiática.

✓ **Ortaklar Kebap Lahmacun (M)** (▶102) Deliciosa comida turca, servida bajo una impresionante bóveda, al lado de Süleymaniye Camii.

✓ **Çiya Sofrasi (E-M)** (▶105) Especialidades de la Anatolia.

✓ **Kanaat Lokantası (E)** (▶105) Restaurante con una excelente comida turca desde 1933.

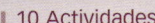

▌ 10 Actividades
✓ **Use el barco**.
✓ **Fume como un turco** pipas de agua en el Piyer Loti Café (▶109).
✓ **Visite** los baños de Çemberlitaş (▶32) o Galatasaray Hamamı (▶123)
✓ **Vea a los Derviches Danzantes** en Mevlevi Tekke (Divan Edebiyatı Müzesi) (▶65)
✓ **Visite una** *yalı* en el Bósforo: Sadberk Hanım Müzesi (▶73).
✓ **Compre una alfombra** en Arasta Bazar o en el magnífico Gran Bazar.
✓ **Piérdase** en el Bazar Cubierto (▶24).
✓ **Pásese de calorías** con las delicias turcas de Hacı Bekir o las mermeladas caseras de Üç Yıldız.
✓ **Regrese al pasado** y tome un té en la casa del té del Pera Palas Oteli.
✓ **Pasee por el Bósforo e intente pescar** cerca de Rumeli Hisarı, Sarıyer o Büyükdere.

▌ Las 5 mejores vistas
✓ **Torre de Gálata** (▶33). Excelente vista del Estambul del siglo XIV.
✓ **Punto Serrallo de Gülhane Parkı** (▶56), antaño reservado al sultán.
✓ **Piyer Loti Café**, Eyüp (▶109), para un ambiente romántico.
✓ **La azotea del Büyük Valide Hanı,** antiguo caravasar entre el Bazar de las Especias y el Bazar Cubierto.
✓ **Üsküdar** (▶84), ver al atardecer un horizonte de cúpulas y minaretes.

▌ Comer por la calle
✓ **Mercado de Pescado** Istiklâl Caddesi (▶58), bocadillos de sardinas fritas o mejillones.
✓ **Sultanahmet Selim Usta,** Divan Yolu Caddesi 12A. Buenas albóndigas y kebabs.
✓ **Alrededor Bazar de las Especias** (Mısır Çarşısı) (▶66).

✓ **Zona del Puente de Gálata, en Eminönü.**

▌ 10 Mezquitas
✓ **Rüstem Paşa Camii** (▶73), de Sinán, por los azulejos y la vista.
✓ **Sultan Selim Camii** (▶79), por su ubicación dominando el Haliç.
✓ **Şehzade Camii** (▶74), por su esplendor.
✓ **Sokullu Mehmet Paşa Camii** (▶75), por los azulejos de Iznik y las inscripciones.
✓ **Sultanahmet Camii** (▶26), por su grandiosidad.
✓ **Süleymaniye Camii** (▶30), diseñada por Sinán, la más elegante.
✓ **Beyazıt Camii** (▶42), la más antigua de las grandes mezquitas.
✓ **Eyüp Sultan Camii** (▶53), uno de los lugares sagrados del islam.
✓ **Hırka-i Şerif Camii** (▶57), por sus originales minaretes.
✓ **Şemsi Paşa Camii** (▶85) pequeña y bonita (Sinán).

▲ Divan Yolu Caddesi.

II, C3
Sultanahmet
Tranvía a Sultanahmet
Buenos
Kapalıçarşı, Yerebatan Sarayı, Çemberlitaş, Çorlulu Ali Paşa Külliyesi, Nuruosmaniye Camii

I DIVAN YOLU CADDESI ★★

Tarde o temprano se pasa por Divan Yolu, la calle más larga de la ciudad, que ya existía en época romana. Durante el Imperio bizantino se llamó Mese (calle del medio), y era la avenida principal. En la época otomana era el acceso más directo al Divan, donde se realizaban peticiones. El montón de piedras que hay en la plaza cerca de Yerebatan Sarayi (►31) marcaba el centro del Imperio otomano, desde el que se medían todas las distancias. Cerca, detrás de una reja, hay varias tumbas, incluido el mausoleo *türbe* del sultán Mahmut II. En un jardín que hay a la izquierda se sitúa la peculiar biblioteca de manuscritos de Köprülü. Los Vezir Hani y Çemberlitaş Hamamı (►32), junto a la Columna de Constantino (►49), fueron construidos por la misma familia Köprülü. A partir de la columna, la calle cambia de nombre: primero, Yeniçeriler Caddesi, y más adelante, Ordu Caddesi.

I, B3-4
Dolmabahçe Caddesi, Beşiktaş
9 h-18 h. Cierra lunes
www.millisaraylar.gov.tr
Tranvía a Kabataş
Kabataş Iskelesi (muelle del ferri)
No
Deniz Müzesi
Evite los domingos, hay mucha gente

I DOLMABAHÇE SARAYI ★★

El Dolmabahçe se construyó sobre tierra ganada al Bósforo para hacer un jardín de recreo de un sultán del siglo XVII. El actual *sarayı* (palacio) se terminó en 1856 y consta de las tres partes tradicionales: el *selamlık,* para los hombres; el harén para el sultán y su extensa familia y el salón de estado para las recepciones oficiales. Estuvo habitado desde 1855, año en el que el sultán Abdülmecid trasladó la corte desde el Topkapı Sarayı (►28), hasta el final del Imperio otomano, en 1922. Aunque pueda parecer un insulto al buen gusto, merece la pena visitarlo para conocer el arte de los últimos años del Imperio otomano.

Cualquier descripción del Dolmabahçe pasa por las cifras: una fachada neoclásica de mármol de 248 m de largo; 600 m de costa del Bósforo; en el salón de estado, de 2 000 m², está la araña más grande del mundo: pesa 4,5 toneladas y tiene 750 bombillas. La balaustrada de la escalera principal es de cristal. Los pasillos, en los que se podría hacer un desfile de elefantes, unen 280 habitaciones, 43 salones y 6 *hamamı*.

En el harén, que ocupa las dos terceras partes del palacio, se suceden las habitaciones de la madre del sultán, las mujeres oficiales, la favorita, la concubina, etc. En la más pequeña de todas murió Atatürk el 10 de noviembre de 1938. Los relojes antiguos de los museos de toda Turquía están parados en su honor, a las 9.05 h.

▲ La entrada y algunos salones del palacio de Dolmabahçe.

▌ EYÜP SULTAN CAMII ★★★

Se cree que Eyüp Ensari, amigo y portaestandarte del profeta Mahoma, fue asesinado aquí durante el asedio a Constantinopla en el 670 d.C. Los turcos consideran que su tumba es el lugar más sagrado del mundo islámico, después de La Meca y Jerusalén.

I, A-B1
Islambey Mahallesi
9.30-16.30 h
Bus 99 desde Eminönü y 39 desde Beyazit
Eminönü o Karaköy a Eyüp
No
Haliç

Está bellamente decorada con azulejos de Iznik. A la mezquita se accede a través de un bonito patio construido en el siglo XIX para sustituir al anterior, destruido por los terremotos. Atravesando el cementerio, después de caminar unos 15 minutos, se llega al café en el que el joven oficial naval francés Pierre Loti (1850-1923) escribió la tragedia de su amor por Aziyade, una mujer del harén. Desde el café, situado en lo alto del cementerio, las vistas del Cuerno de Oro son estupendas.

❚ FATIH CAMII (MEZQUITA DE MEHMET EL CONQUISTADOR) **

La mezquita imperial de Mehmet II, con su gran cúpula y esbeltos minaretes, corona la cuarta colina de Estambul. Este enorme complejo data del siglo XV y ocupa el emplazamiento de la iglesia de los Santos Apóstoles de Constantino. Durante siglos fue lugar de enterramiento de los emperadores bizantinos. Cuando el sultán descubrió que su cúpula era más baja que la de Aya Sofya hizo amputarle la mano al arquitecto. Tras el terremoto de 1766 se reconstruyó, pero el patio central y la fuente de las abluciones son los originales del siglo XV. Sobresalen los azulejos de la primera época de Iznik que rodean las ventanas del muro oeste. El mausoleo de mármol de Mehmet II y la tumba de su esposa Gülbahar se hallan en el jardín que hay tras la mezquita. Si bien este complejo es un lugar siempre interesante para visitar y observar a la gente, los miércoles es el mejor día pues en los alrededores se sitúa un animado bazar (mercado local).

- • • • • • • •
- 🔲 II, B1
- ✉ Tophane Sokağı, Fatih
- 🕐 Todo el día menos en las horas de oración
- 🚌 Bus desde Taskim 87; Eminönü 34, 32, 37 E; Beyazit 39
- ♿ No
- ✛ Hırka-i Şerif Camii, Kız Taşı, Mesih Mehmet Paşa Camii

▼ Puente de Gálata al atardecer.

FENARI ISA CAMII ✳

La extraña iglesia monástica de Theotokos Pana-chrantos (La Inmaculada Madre de Dios) fue cons-truida en el siglo X por el cortesano Constantino Lips. En el siglo XIII, la emperatriz Teodora construyó otra iglesia añadida, lo que explica los siete ábsides de la fachada este. En 1496 la comunidad sufí la reconvirtió en mezquita y la llamó Fenari Isa, "El Cordero de Jesús". El interior presenta una bóveda de cañón bien restaurada y elaboradas decoraciones en ladrillo con motivos poco habituales. En el tejado, la cúpula está rodeada de varias capillas pequeñas.

I, C1
Al norte de Adnan Menderes (Vatan) Caddesi, Fatih
Horas de rezo
No
Fatih Camii, Kız Taşı, Murat Paşa Camii

FETHIYE CAMII (IGLESIA DE THEOTOKOS PAMMAKARISTOS) ✳✳

En el siglo XII, la iglesia de la Alegre Madre de Dios fue de las pocas que sobrevivieron a la conquista musulmana y fue sede del patriarcado de Cons-tantinopla hasta 1587. Unos años más tarde se convirtió en mezquita. La nave central sigue siendo mezquita pero la *parekklesion* (capilla lateral) se ha convertido en museo y conserva unos exquisitos y delicados mosaicos con imágenes del Pantocrátor y los Apóstoles, el Cristo Hyperagathos, la Virgen y San Juan Bautista.

I, B1-2
Fethiye Kapısı Sokak, Fatih
Cerrada por restauración
Bus 90 desde Eminönü
No
Kariye Camii, Nişancı Mehmet Paşa Camii

GALATA KÖPRÜSÜ (PUENTE DE GÁLATA) ✳✳✳

Oficialmente se llama Karaköy Köprüsü, pero toda-vía se conoce por su nombre antiguo. Este puente que cruza el Cuerno de Oro (Haliç), entre Gálata y Eminönü, es una de las zonas más animadas de la

II, A-B3
Sobre el Haliç entre Eminönü y Gálata
No
Bajo el puente hay restaurantes, bares, casas de té y puestos con sardinas frescas
Muelles del ferri de Eminönü o Karaköy
Galata Kulesi, Mısır Çarşısı

urbe por su proximidad a los bazares, los muelles del ferri y la orilla. Se ven pescadores trajinando por la costa a todas horas. El puente actual es el quinto que se construye desde que en 1845 se levantara el primero. En el cuarto hubo restaurantes y cafés, un tanto toscos, y se dice que sus propietarios los incendiaron cuando el actual puente empezaba a perfilarse. Hoy rebosan actividad.

I GALATA KULESI (TORRE DE GÁLATA) (▶33) **

I GÜLHANE PARKI   *

Los habitantes del Topkapı Sarayı disfrutaban desde los jardines de una estupenda panorámica del Bósforo. La Rosaleda (Gülhane), en la terraza inferior, se ha convertido en parque público, con lo que este privilegiado rincón de la ciudad es accesible a todo el mundo. En el paseo central hay kioscos y varios cafés. Al final del parque aparece de repente uno de los monumentos más antiguos de la ciudad, la **Columna de los Godos.** Data del siglo III, construida en granito y rematada con un capitel corintio; la inscripción en latín dice: "a la prosperidad que volvió tras derrotar a los godos". Cerca se halla el que fue recinto privado del sultán, hoy célebre enclave para ir de merienda. También goza de buenas vistas sobre el Bósforo. Hacia el oeste, en dirección al Puente de Gálata, se encuentra otro jardín y un café muy agradable en la orilla, próximo a un cobertizo del siglo XVII.

I HAGHIOS GEORGIOS (IGLESIA DE SAN JORGE) *

La iglesia de San Jorge ha sido desde 1601 sede del patriarcado ortodoxo griego de Constantinopla. Hoy forma parte del Patriarcado Ecuménico de Constantinopla. Completamente reconstruida en 1720, es una basílica sencilla (en esta época estaban prohibidas las cúpulas en las iglesias) con un impresionante iconostasio de madera y un par de mosaicos de la *Virgen y el Niño y de San Juan Bautista.* Cuenta con varios tesoros, como el trono patriarcal, con incrustaciones de madreperla y tres relicarios con los restos de tres santos.

I HALIÇ (CUERNO DE ORO)   **

Cuenta la leyenda que el Cuerno de Oro recibió este nombre porque durante el asedio otomano a la ciudad, la población bizantina decidió arrojar al agua todas sus posesiones. Es uno de los más bellos puertos naturales del mundo y su nombre también podría reflejar la prosperidad que apor-

---

Sidebar (left column):

• • • • • • • •

🔲 II, C4
🔳 Alemdar Caddesi
🕐 Diario, de la mañana a la tarde
🍴 Pocos
➕ Arkeoloji Müzesi, Topkapı Sarayı, Yerebatan Sarayı, Caferağa Medrese

• • • • • • • •

🔲 III, C2
🔳 Cerca de Sadrazam Ali Paşa Caddesi, Fener
🕐 8.30 h-17 h
🚌 Autobús 55T desde Taksim; 44B, 99 desde Eminönü
⚓ Fener Iskelesi
♿ No
➕ Bulgar Kilise, Haliç

• • • • • • • •

🔲 II, A2-3
⚓ Ferris desde Eminönü a distintas estaciones del Haliç 🚌 Autobús 55T desde Taksim;en la parada Haliç Caddesi (Fatih) pasan los autobuses 35D entre Kocamustafapaşa y Balat
➕ Bulgar Kilise, Eyüp Sultan Camii, Gálata Köprüsü, Haghios Georgios, Mısır Çarşısı

tó a la ciudad. Antaño ocupaban sus orillas los maravillosos jardines de los sultanes y grandes familias otomanas que el paso del tiempo convirtió en fábricas, bloques de apartamentos y talleres; sus aguas se contaminaron tanto que empezaron a apestar. Se llevó a cabo un programa de rehabilitación cuyo objetivo era devolverle parte de la gloria y el esplendor que tuvo en el pasado; las orillas hoy vuelven a ser bonitos jardines públicos.

▲ Istiklâl Caddesi es una de las calles más animadas de la ciudad.

❘ HIRKA-I ŞERIF CAMII (MEZQUITA DEL MANTO SAGRADO) ★★

El manto habría sido un regalo del profeta Mahoma al venerable Veysel Karani (también llamado Üveys el-Qarani). Fue construido en 1851 por el sultán Abdülmecid I; tiene una elegante fachada neorrenacentista con ventanas inusualmente grandes y minaretes en forma de capiteles corintios. La sala de oración es octogonal y está siempre abarrotada de peregrinos; la adornan un bello entablamento y un friso caligráfico.

✉ Keçeciler Caddesi, Fatih
🕐 El manto solo se ve en Ramadán. Abierto par ala oración
♿ No
✚ Mesih Mehmet Paşa Camii, Nişancı Mehmet Paşa Camii

❘ ISTIKLÂL CADDESI ★★★

La antigua Grand Rue de Pera, hoy llamada Istiklâl Cadessi (avenida de la Independencia) es la principal vía de la zona peatonal del barrio de Beyoğlu, el corazón del Estambul más cosmopolita. En ella se sitúan decenas de tiendas, galerías de arte, animados bares y restaurantes y embajadas en bellos palacetes. La Embajada francesa era la más antigua y databa del 1581 pero un fuego la destruyó en 1831 y tuvo que ser reconstruida. Cuando la capitalidad se trasladó a Ankara, las embajadas se

📍 III, A2-3, B2
✉ Beyoğlu
🕐 Diario de la mañana a la noche; la mayoría de las tiendas abren hasta los domingos
🚇 Tünel o Taksim
♿ Pocos
✚ Gálata Kulesi, Mevlevi Tekke, Taksim Meydanı

convirtieron en consulados. Más adelante está el Çiçek Pasajı, atiborrado de restaurantes, y el **Balık Pazarı (Mercado de Pescado)**, muy animado a cualquier hora.

En la siguiente plaza, tras una inmensa puerta, se encuentra la elitista escuela Galatasaray. Toda la zona era en los años ochenta un barrio célebre por su sórdida y transgresora vida nocturna; Con el paso de los años se ha convertido en un barrio vibrante y dinámico, con modernos bares y cosmopolitas restaurantes siempre atestados de gente. Sin embargo, el simpático tranvía y los bellos edificios restaurados recuerdan que en aquella zona vivieron durante siglos los ricos comerciantes europeos.

● ● ● ● ● ● ● ●
II, A4
Meclis-i Mebusan Caddesi, Antrepo 4, Tophane
Mar-dom: 10 h-18 h;
vie: 10 h-20 h.
Cerrado lunes
www.istanbulmodern.org
Tophane
Sí, buenos

▼ El Museo Istanbul Modern.

I ISTANBUL MODERN ★★

Este museo situado en un antiguo hangar de dos plantas, fue el primero de este tipo en Estambul, y hoy es ya un referente para las artes contemporáneas turcas en todas sus disciplinas. Fue completamente remodelado en 2004. Dispone de un espacio expositivo de 8 000 m².

El piso superior aloja la colección permanente con obras de 100 artistas desde finales del siglo XIX a la actualidad. Una singular escalera metálica, obra de Mónica Bonvicini, une las dos plantas.

El piso inferior se dedica a exposiciones temporales de fotografía, *performances,* videoproyecciones o retrospectivas de artistas turcos. Dispone de una buena biblioteca para investigación y proyecciones de películas de *autor* a diario.

◀ El interior de la mezquita Kalenderhane.

KALENDERHANE CAMII (IGLESIA DE THEOTOKOS KYRIOTISSA) **★★**

Esta iglesia de Nuestra Señora, Madre de Dios, del siglo IX, es uno de los edificios bizantinos más bonitos de Estambul. Poco después de la conquista del siglo XV, la iglesia se convirtió en mezquita y se le asignó a la hermandad sufí Kalender. Mantiene gran parte de su decoración original en mármol, que pueden dar una idea del funcionamiento de la luz en el interior de estas iglesias que resbalaría sobre mármoles y mosaicos. Una serie de bonitos frescos del XIII sobre la vida de San Francisco de Asís, que adornaron durante un tiempo parte de las paredes, se hallan ahora en los Museos Arqueológicos (▶38). Los frescos se descubrieron en el transcurso de una restauración en 1953.

📍 II, C2
✉ 16 Mart Sehitleri Caddesi, Beyazıt
🕐 9 h-18 h
♿ No
✠ Süleymaniye Camii, Beyazıt Meydanı, Bozdoğan Kemeri, Şehzade Camii

KAPALIÇARŞI (GRAN BAZAR) (▶24) **★★★**

KARA AHMED PAŞA CAMII **★**

Ahmet Paşa fue el gran visir de Solimán el Magnífico y Sinán, el arquitecto imperial, construyó para él esta pequeña mezquita en 1554. En el patio hay árboles de sombra y columnas, y de él sale la madrasa (escuela islámica). Las proporciones son perfectas y muy armónicas. Sobre las ventanas de la sala de oración pueden verse paneles de azulejos caligráficos azules y verdes de Iznik, decorados con curiosos arabescos.

📍 I, C1
✉ Topkapı Caddesı, cerca de Puerta Topkapı en la muralla de Teodosio
🕐 Abierto todo el día excepto horas de rezo
🚃 Tranvía desde Sirkeci o Sultanahmet a Topkapı
♿ No
✠ Murallas de Teodosio

KARIKATÜR MÜZESI (MUSEO DE LA CARICATURA) **★**

Los turcos adoran los chistes y los cómics sobre políticos se han convertido en parte ineludible en los periódicos. El Museo de la Caricatura ocupa la Gazanfer Ağa Medrese, del XVI, con un precioso jardín, cerca del Bozdoğan Kemeri (Acueducto de Valen). Es una buena forma de conocer el sentido del humor del país.

✉ Müze Gazhane, Hasanpaşa, Ikbaliye Sokak 39
🕐 10 h-18 h
♿ Pocos
✠ Bozdoğan Kemeri, Şehzade Camii

▶ La fuente Tophane.

∎ KARIYE CAMII (▶25) ★★★

∎ KILIÇ ALI PAŞA CAMII ★

∎ II, A4
∎ Necatibey Caddesi, Tophane
∎ Durante el día, excepto horas de rezo
∎ Tophane
∎ No
∎ Istanbul Modern, Istiklâl Caddesi

Cuando el almirante jefe Kılıç Ali Paşa le preguntó al sultán Murat III dónde podía construise su mezquita, este le contestó que en el lugar al que pertenecen los almirantes: en el mar. Ali Paşa ganó al Bósforo terreno y le encargó a Sinán, ya nonagenario, que se la construyera. Fue levantada en 1580 y es una de las últimas obras del arquitecto. Una vez más, el artista se inspiró en la planta de Aya Sofya (▶20), pero no consiguió igualar esta obra maestra. El interior resulta denso y pesado, aunque el *mihrab* está decorado con azulejos del primer período de Iznik. Detrás de la mezquita se halla la tumba octogonal del almirante, la madrasa y el baño turco, *hamam,* todavía en uso, con una cúpula negra.

La **Fuente Tophane (Tophane Çešmesi),** cerca de la mezquita, fue encargada por el sultán Mahmut I en 1732. Parecida a la de la plaza de Üsküdar, es una elegante fuente barroca decorada con relieves de flores y frutas. Debe su nombre a la Tophane, fundición imperial de cañones que está en las proximidades. La fundición se remonta a los tiempos de la conquista de Mehmet II.

∎ KIZ TAŞI (COLUMNA DE MARCIANO) ★

∎ II, B1
∎ Kıztaşı Caddesi, Fatih
∎ Buenos
∎ Fatih, Camii

Kız Taşı, la columna de la doncella, se levanta en medio de una rotonda. Es una columna romana de mármol corintio y granito que, probablemente, sirviera de base a una estatua del emperador Marciano (450-457). El texto en latín es una dedicatoria en su honor. En el pedestal pueden verse símbolos cristianos antiguos y relieves representando a la Victoria (Nike) que sostienen un globo o elemento

◀ Iglesia de San Sergio y San Baco, conocida como la pequeña Santa Sofía.

¿Sabías que...?

Mimar Sinán nació en el seno de una familia cristiana en 1489 e ingresó en la corte de Selim I como jenízaro. A los 48 años fue nombrado arquitecto imperial y se le atribuye la construcción de 321 edificios, entre ellos 42 mezquitas de Estambul. Él consideraba la gran mezquita Selimiye de Edirne su obra maestra. Murió en 1588.

semejante, lo cual integra la ideología de victoria del emperador y del Imperio.

KOCA MUSTAFA PAŞA CAMII ✱

El gran visir Koca Mustafa Paşa convirtió a principios del siglo XV la iglesia bizantina de San Andrés de Creta en mezquita y le añadió un porche con cinco cúpulas, un monasterio para los derviches, mausoleos y un *hamam*. Todavía se conservan detalles originales de la iglesia, como la cúpula con capiteles del siglo VI muy bien trabajados. Los peregrinos acuden a venerar las tumbas de los santos derviches que hay en el jardín, sobre todo la del primero de ellos, Sümbül (Jacinto) y la de su hija Rahine, en otros tiempos santos patronos de la ciudad.

🗺 I, D1
✉ Sümbül Efendi Mahallesi, Koca Mustafapaşa Medresesi Sk 24
🕐 Abierta excepto horas de rezo
♿ No
🚇 Koca Mustafa Paşa
✚ Ramazan Efendi Camii, Murallas de Teodosio en Silivrikapı, Imrahor Camii

KÜÇÜK AYASOFYA CAMII (IGLESIA DE SAN SERGIO Y SAN BACO) ✱✱✱

También se llama la "pequeña Santa Sofía" porque parece una maqueta a escala de la gran basílica, a la que precede en diez años (527 d.C.). El emperador Justiniano se la dedicó a Sergio y a Baco, mártires y patronos del ejército romano cristiano. Justiniano quería venerar a estos santos porque según la leyenda su tío y predecesor Justino I, planeaba asesinar a su sobrino cuando, en sueños,

🗺 II, D3
✉ Mehmet Paşa Sokak, Cankurtaran/Kadırga
🕐 Hay que buscar al guardián y darle una propina
✚ At Meydanı, Sultanahmet Camii, Sokullu Mehmet Paşa Camii

▲ Küçüksu Kasri.

se le aparecieron los santos intercediendo por su vida. Durante más de 1.000 años esta bonita iglesia fue uno de los santuarios más ricos de la ciudad, hasta que en el siglo XVI Hüseyin Ağa, jefe de los eunucos negros del sultán Beyazıt II, la convirtió en mezquita. La tumba de Hüseyin Ağa se sitúa en el ábside. El habitual exterior de ladrillo no revela la peculiar belleza de su interior: un octágono irregular inscrito en un rectángulo irregular. Algunos pilares de la planta baja todavía conservan el emblema de Justiniano y también hay un friso en honor de Justiniano, su mujer Teodora y Sergio. Curiosamente, en el friso se olvidaron de Baco. La cúpula presenta 16 caras y descansa sobre 8 pilares poligonales, separados por magníficas columnas de mármol que alternan el rojo y el verde, formando una bella pantalla de color.

⬛ KÜÇÜKSU KASRI   **✷✷**

El espléndido palacio rococó del sultán Abdülmecid I se planteó como alternativa al Dolmabahçe Sarayı (▶52). Construido por el mismo arquitecto, se terminó en 1857 y es una réplica del gusto por la opulencia del Dolmabahçe. La fachada es un derroche de festones, zócalos y adornos; el interior brilla con sus arañas de cristal y paredes doradas. Está ubicado en una agradable pradera entre los dos ríos conocidos como las "dulces aguas de Asia".

• • • • • • • •

✉ Küçüksu Caddesi Beykoz. Costa asiática del bajo Bósforo

⏰ 9 h-18 h. Cierra lunes

☎ www.millisaraylar.gov.tr

⛴ Anadoluhisari Iskelesi (muelle del ferri) o bus desde Çengelköy Iskelesi

➕ Anadolu Hisarı

LALELI CAMII ✳

Elegante mezquita del sultán Mustafa III, ejemplo perfecto del barroco otomano. Se construyó entre 1759 y 1763 en un solar alto, bajo el cual hay un animado mercado cubierto. Como Kücük Ayasofya, la planta es octogonal, pero inserta en un rectángulo. Las paredes tienen incrustaciones de mármol rojo, azul, amarillo y otros colores. En la galería del oeste sobresalen los medallones de mármol, ónice, lapislázuli y otras piedras semipreciosas.

- 🏙 II, C1
- ✉ Ordu Caddesi, Aksaray
- 🕐 Entrada libre excepto horas de rezo
- ♿ No
- 🚊 Tranvía a Laleli
- ✛ Beyazıt Meydanı, Bodrum Camii, Murat Paşa Camii

MASUMIYET MÜZESI (MUSEO DE LA INOCENCIA) ✳

Museo nacido del libro de mismo nombre del afamado escritor turco Orhan Pamuk, Premio Nobel de literatura. El museo es una recopilación de pequeños objetos relacionados con los personajes del libro y una historia de amor. Además es muy interesante, bonito y tranquilo el barrio en el que está ubicado.

- 🏙 III, B3 (f.p)
- ✉ Çukurcuma Caddesi, Dalgıç Çıkmazı, 2- Beyoğlu
- 🕐 10 h-18 h. Cerrado lunes
- 🖥 www.masumiyetmuzesi.org
- 🚊 Tranvía Tophane

MAHMUT PAŞA CAMII ✳

Aunque la mezquita fundada por Mahmut Paşa en el siglo XV es una de las más antiguas de la urbe, lo más interesante de visitar es su mausoleo. De estilo mudéjar, algo poco habitual en Estambul, presenta incrustaciones de mármol en los mosaicos, de vivos colores. Cerca está Mahmut Paşa's *hamam,* en Mahmut Paşa Hamam Sokağı, cuyos trabajos en escayola fueron restaurados de forma virtuosa.

- 🏙 II, C3
- ✉ Vezirhanı Caddesi, Çemberlitas
- 🕐 Abierto durante el día
- ✛ Kapalıçarşı

▼ Galería elevada de madera de Mahmut Paşa.

● ● ● ● ● ●

I, B2 (f.p)

Sancaktar Yokuvu 36 Fener, Fatih

Cerrada al público

Desde Taksim 55 T Eminönü 44B, 99, 99A. Parada: Fener

▼ Fachada de Megali Scholio.

I MEGALI SCHOLIO (FENER RUM ERKEK LISESI)   ★★

El imponente edificio del Liceo griego se erige entre las humildes casas del antiguo barrio de Fener. La fotogénica fachada actual de ladrillo rojo fue construida en el año 1881 aunque la escuela original fue fundada en el mismo lugar antes de la conquista de Constantinopla, permaneciendo como principal institución griega de educación secular a lo largo de la historia otomana. Actualmente sigue funcionando como escuela griega. En octubre de 2025, el Ministerio de Educación turco indicó que el colegio debe desalojar el edificio en 90 días debido a no cumplir criterios estructurales sísmicos nuevos.

● ● ● ● ● ● ●

Galip Dede Caddesi 15, Tünel

9 h-18 h. Cerrado lunes

Tünel, o tranvía desde Taksim Meydanı

I MESIH MEHMET PAŞA CAMII   ★

El eunuco Mesih Mehmet, gobernador de Egipto famoso por su crueldad, se construyó esta mezquita en 1585 en un terreno elevado que da a un jardín. El bello *mihrab* está decorado con azulejos de Iznik. Tanto el *mihrab,* como el *mimbar* y los enrejados de las ventanas son de mármol hábilmente trabajado. Los lugareños veneran su *türbe,* ubicada en medio del patio. Por su estado y su ubicación no es tan conocida por el gran público como otras mezquitas monumentales, lo que la hace una visita más tranquila y con encanto histórico reservado.

MEVLEVI TEKKE
(MUSEO DE LITERATURA DIVAN) **

El *tekke* (monasterio) de la hermandad Mevlevi, más conocida como Galata Mevlevihanesi o **Derviches Danzantes,** fue el centro de la vida poética y musical de la ciudad desde su construcción en 1491 hasta la década de 1920, cuando Atatürk abolió las órdenes sufís. Aunque bastante reformado, el recinto original es como un remanso de paz. El edificio octogonal del siglo XVIII alberga un museo de literatura, el **Divan Edebiyatı Müzesi,** que exhibe instrumentos de música sufí, accesorios de los derviches y manuscritos ilustrados de poesía cortesana turca. Hay representaciones de música y danza sufís. En el

🔲 I, B1 (f.p)
✉ Vahkulu Mh., Galip Dede Cd.15
🕐 Cerrado por restauración
🚌 Bus 28 desde Eminönü, 87 desde Taksim
♿ No

▼ Patio de Mihrimah Camii.

jardín hay un cementerio rodeado de árboles, entre cuyas tumbas deambula multitud de gatos. Está en la calle Galip Dede, llamada así en honor a un gran poeta mevlevi del XVII.

MIHRIMAH CAMII **

Data de la década de 1560 y fue construida por orden de Solimán el Magnífico para su hija favorita, Mihrimah. Es una de las mezquitas más puras e innovadoras de todas las que dirigió Sinán. Corona la sexta colina de Estambul y se levanta majestuosamente sobre las murallas (▶82) y la puerta de Edirne. En medio del patio, formado por la arcada cupulada

🔲 I, B1
✉ Karagümrük Mah., 34091 Fatih
🕐 Todos los días: 9 h-18 h, excepto rezos
🚌 Líneas 28, 336, 41AT, 78, 88A
🚇 Edirnekapı

▲ Una vista del Bazar Egipcio.

de la escuela coránica, se halla la fuente para las abluciones. A la mezquita se accede por una sala cubierta con siete cúpulas, soportadas por columnas de granito y mármol. Es merecido el sobrenombre de "la mezquita de las 200 ventanas", porque la sala de oración se ilumina con la luz que entra por las vidrieras que se abren en la base de la cúpula central y los muros. La planta de esta mezquita, la segunda que construyó Sinán para la princesa, sirvió de modelo para muchos otros edificios barrocos de la ciudad.

● ● ● ● ● ● ● ●

- II, B3
- Yeni Cami Caddesi, Eminönü
- Todos los días: 9 h-18 h
- Eminönü
  Tren de Marmaray (parada Sirkeci Istasyonu)
- Cualquier barco a Eminönü
- Buenos
- Kapalıçarşı, Gálata Köprüsü, Yeni Cami

❙ MISIR ÇARŞISI (BAZAR EGIPCIO)   ★★★

Pasear por este pequeño bazar cubierto, lleno de especias, olores mágicos y cosas curiosas para comprar, es un auténtico placer para los sentidos. Se construyó en 1600 como "tienda" anexa al complejo de Yeni Cami (▶86). Tenía una relación financiera con Egipto, porque recibía todo el dinero procedente de los impuestos de importación que pagaban las mercancías egipcias. Al principio eran comerciantes genoveses y venecianos los que vendían plantas medicinales, especias y perfumes; luego los turcos continuaron con la tradición y en las más de 88 tiendas originales se puede seguir las huellas de los viajeros del XIX a través del sándalo, la canela, los pistachos y un montón de mercancías herbarias y aromáticas. También hay té de manzana, caviar iraní, delicias turcas, etc. Tiene forma de "L" con el lado corto, que mide 120 m, perpendicular a la mezquita y el lado largo de 150 m paralelo a ella.

MOZAIK MÜZESI (MUSEO DE MOSAICOS) ✶✶

El Gran Palacio de Constantino I ocupaba la zona sur del Hipódromo (▶40) y fue residencia real durante casi un siglo. Por desgracia, lo único que se conserva es un magnífico mosaico del siglo VI que debió estar situado entre la residencia imperial y el hipódromo. Está expuesto in situ junto con otros fragmentos arquitectónicos.

🔼 II, D3
✉ Torun Sokağı, Sultanahmet
🕐 9 h-18.30 h (8 h-19 h en verano)
🚋 Tranvía a Sultanahmet
♿ Pocos
➕ Sultanahmet Camii, Halı Müzesi

Entre las valiosas imágenes destacan las de un elefante que lucha contra un león, una serpiente luchando contra un águila o la de Dionisio representado con barba de frutas. El museo está enfrente del **Bazar Arasta**.

NIŞANCI MEHMET PAŞA CAMII ✶✶

A la mezquita de Mehmet Paşa, Guardián del Sello (Nişancı) del sultán Murat III, se accede a través de un bonito jardín en el que hay una fuente para las abluciones. Es un edificio de elegantes proporciones que data de 1589. En el interior, una gran cúpula, que descansa sobre ocho ábsides, cubre la sala de oración. Las tallas de columnas, capiteles y cornisas resultan muy interesantes.

✉ Fatih Nişancı Caddesi, Fatih
🕐 Abierta todos los días fuera de los horarios de oración
♿ No
➕ Fatih Camii

NURUOSMANIYE CAMII ✶✶

Es la primera mezquita barroca de Estambul, la mezquita de la Sagrada Luz de Osmán, y marca una pauta de estilo y estructura, con la cúpula central sobre la sala de oración. Los enormes arcos en forma de rueda que soportan la cúpula dominan la fachada. En el interior, encima de la galería hay un friso caligráfico con versos coránicos. El complejo cuenta también con una madrasa (escuela islámica), biblioteca, mausoleos y *sebil* (fuente). La construcción empezó en 1748 por orden del sultán Mahmut I, pero lleva el nombre de su hermano y sucesor, Osmán III, quien lo terminó en 1755. El patio es muy bonito.

🔼 II, C3
✉ Nuruosmaniye Caddesi
🕐 Del amanecer al atardecer
🚋 Tranvía a Çemberlitas
➕ Kapalıçarşı, Atık Ali Paşa Camii, Çemberlitaş, Divan Yolu Caddesi, Mahmut Paşa Camii

ORTAKÖY ✶✶

La orilla de Ortaköy bajo el puente del Bósforo está plagada de agradables cafés y restaurantes, llenos de gente por la tarde y sobre todo los domingos a la hora del mercadillo. Los *entel*, o jóvenes intelectuales, buscan ropa, joyas, discos y libros de segunda

🔼 I, A4
✉ Costa europea del bajo Bósforo
🕐 Mezquita: abierta todos los días, excepto horarios de rezo

- Bus 40 o 40T desde Taksim, 22, 22RE, 25E desde Kabataş
- Ferri a Beşiktaş, y 15 minutos paseando
- Pocos
- Yıldız Parkı, Çırağan Palace Kempinski
- Los domingos hay mercadillo de ropa, joyas y curiosidades

- III, B2
- Meşrutiyet Caddesi 52
- https://perapalace.com
- Tünel
- Pocos
- Mevlevi Tekke, Galata Kulesi

- Hasköy Caddesi 5, Hasköy
- Mar-vie: 9.30 h-17 h; sáb-dom: 10 h-18 h (hasta las 19 h en verano). Cierra lun
- www.rmk-museum.org.tr
- Desde: Eminönü 47; desde Taksim: 54 HT

- I, B2
- Balat Mah. Justo detrás del liceo griego
- Abierto todo el día excepto horas de rezo. Autobús desde Taksim 55 T Eminönü 44B, 99, 99A. Parada: Fener
- Liceo griego. Patriarcado ortodoxo griego. Iglesia de San Esteban de los Búlgaros

mano, antigüedades y artesanía a buen precio y frecuentan los bares y restaurantes de moda. Dominando la orilla se encuentra la bella **Ortaköy Camii,** construida para el sultán Abdülmecid I en 1854 por su arquitecto favorito, Nikoğos Balyan, quien también se encargó del Dolmabahçe Sarayı.

Desde 1973, la mezquita está enmarcada por el puente, pero vista desde la costa configura una panorámica muy especial: los dos elegantes minaretes se elevan sobre la cúpula que cubre la sala de oración. Los altos ventanales están pensados para dejar pasar la luz del Bósforo, que se refleja en el agua creando un bello efecto.

PERA PALAS OTELI ★★

Modernas avenidas rodean hoy el Pera Palace Hotel (muy cerca de Istiklâl Caddesi), pero el interior mantiene todo el esplendor de la época de los viajeros del famoso *Orient Express*.

Fue inaugurado en 1892 por la Compañía de Wagon-Lits para alojar a los viajeros de este tren. La habitación número 10 era la de Atatürk y se ha convertido en museo, pero sí se usan las demás habitaciones frecuentadas por personajes famosos. Greta Garbo se alojó en la 103; Ernest Hemingway prefería la 218; Agatha Christie escribió parte de su *Asesinato en el Orient Express* en la habitación 401; la de Mata Hari era la 104 y la 304 la reservaba Sarah Bernhardt. Si no se es cliente de este hotel, se puede ir a tomar algo, quizás el cóctel Pera Palas o un té, al Orient Bar, para disfrutar cómodamente de estos suntuosos salones.

RAHMI M KOÇ MUSEUM ★★

Es poco conocido pues es el primer museo del país dedicado a la historia del transporte, industria y comunicaciones. Vale la pena visitar sus excelentes colecciones de coches, barcos, maquetas y hay la posibilidad de montar en la cabina de un avión, entrar en un submarino o aprender el funcionamiento de innumerables máquinas que nos rodean a diario. Se puede combinar con una visita a Miniatürk.

KANLI KILISE
(SANTA MARIA DE LOS MONGOLES) ★★★

Se dice que fue fundada en el 1282 por la princesa María Paleóloguina, hija ilegítima del emperador bizantino Miguel VIII Paleólogo. María se casó con el emperador mongol Abaqa Kan, bisnieto de Gengis Kan, ejerciendo una gran influencia cristiana entre la población mongol. Tras la muerte del Kan, volvió a Constantinopla y fundó esta iglesia. Después de la caída de Constantinopla el sultán Mehmet el Conquistador ordenó que esta iglesia permaneciera como tal, siendo la única que ha estado en poder de la población griega local desde la época bizantina hasta nuestros días.

▌ ROXELANA HAMAMI (HASEKI HAMAMI) ✶✶

Se hicieron en 1556 para sustituir a los baños bizantinos de Zeuxippus. En tamaño, son los segundos baños de Turquía y llevan el nombre de la poderosa esposa de Solimán, Roxelana. Eran los *hamam* que usaban los que iban a orar a Aya Sofya (▶20). En el momento de su construcción se optó por una estructura poco común: salas simétricas para mujeres y hombres. Después del baño, los usuarios solían tomar un café alrededor de la fuente central y pasear bajo la magnífica cúpula del *camekan* (recepción y vestuario). La segunda sala *(soğukluk)* ya estaba templada y precedía a la *(hararet)* la sala con calor que tiene una plataforma central para los masajes. Tras una restauración reabrió sus puertas como un *hamam* de lujo, Ayasofya Hürrem Sultan Hamami.

- ⊞ II, D3
- ✉ Bab-I Humayun Cad, Ayasofya Meydanı, Sultanahmet
- ⊙ 8 h-22 h
- 🖥 www.hurremsultanhamami.com
- 🚋 Tranvía a Sultanahmet
- ♨ Pocos
- ✛ At Meydanı, Aya Sofya, Sultanahmet Camii, Topkapı Sarayı, Yerebatan Sarayı

▼ Roxelana Hamami.

GASTRONOMÍA

Los postres

Los más famosos son el púding de arroz *ayva* o *kabak tatlısı* (dulce de membrillo o calabaza con nata y nueces), *gül reçeli* (mermelada de pétalos de rosa) y *aşure* (púding con pasas, nueces, almendras, piñones, higos y pistachos). Hojaldres como el *baklava* (relleno de pistachos y miel), *künefe* (cabello de ángel con queso, pistacho y *kaymak,* crema de leche) o *lokums* se toman a cualquier hora. En verano, los turcos se vuelven locos por el *dondurma* (helado).

Los turcos eran un pueblo nómada que adaptaba su cocina a las circunstancias de los distintos lugares en los que vivía. La cocina turca se basa en ingredientes frescos y respeta su sabor natural, es una comida sana y variada, poco condimentada, que también refleja la larga historia del país. Son notables las influencias griegas, persas y del Oriente Medio.

Salir a comer no es muy caro y la comida en los sitios más caros no es necesariamente mejor. Entre las experiencias culinarias memorables destacan un bocadillo de sardinas recién pescadas comprado en un barco pesquero bajo el Puente de Gálata (▶55) o el tentempié a base de mejillón frito que se compra en el Mercado de Pescado de Gálata (▶51, 58). Buen Provecho, o como dicen en turco: *afiyet olsun.*

Meze (aperitivos)

La *çorba* (sopa) y las ensaladas siempre son una opción, pero es mejor empezar la comida con una selección de *meze* (aperitivos). Los *meze* son también una solución ideal para los vegetarianos, porque muchos están hechos con verdura fresca y cocida y legumbres. Los *meze* tradicionales incluyen el delicioso *börek* (pasteles de hojaldre rellenos de queso, espinacas o carne), *yaprak dolma* (hojas de parra rellenas de arroz, especias y piñones), *biber dolma* o, como alternativa, *lahana dolma* (relleno de pimiento o repollo), *imam bayıldı* (relleno de berenjenas con cebolla, tomates y especias que se sirve frío), *zeytinyağli enginar* (corazones de alcachofa), *pastırma* (carne seca con yogur), *patlican salatası* (puré de berenjena), *semizotu* (verdolaga) o *turşu* (verduras en vinagre). Para acompañar los *meze* se recomienda pan y una copa de vino, o *rakı.*

Carne

Los vegetarianos deben estar prevenidos porque lo que aparentemente son platos de judías, guisantes o verdura pueden estar cocinados con caldo de carne. Hay muchos tipos de *kebabs* o carne asada: *Iskender kebab* (cordero asado sobre una rebanada de pan con yogur, salsa de tomate y mantequilla), *adana kebab* (cordero picante sazonado con pimientos y orégano), *döner* (lonchas finas de cordero en un pincho) o *köfte* (albóndigas). El *güveç* es un estofado de cordero con berenjenas, pimientos y tomates, y el *saç kavurma* carne frita con verdura y especias. Es frecuente también la casquería: *böbrek* (riñones), *yürek* (corazón), *ciğer* (hígado) y *koç yumurtası* (criadillas). Los puestos callejeros suelen vender *kokoreç* (intestinos de cordero asados).

Pescado

El pescado abunda en Estambul y es de calidad. Los más normales son *barbunya* (salmonete), *sardalya* (sardinas), *kefal* (salmón gris), *palamut* (atún fresco), *kılıç* (pez espada), *sarıgöz* (brema), *lüfer* (pescado azul), *kalkan* (rodaballo), *hamsi* (anchoas), *levrek* (lubina) y *karides* (gambas).

Vinos y bebidas

Muchos turcos beben *ayran* (yogur líquido salado) o zumos de frutas. Hay que evitar beber agua del grifo. Entre los vinos turcos destacan *Yakut, Doluca* y *Dikmen,* o los blancos *Çankaya* y *Kavak.* La cerveza es buena y barata, sobre todo la *Efes.* El *rakı,* o "leche de león", es una bebida muy popular: licor de uva con anís. Es parecido al *ouzo* griego, pero los griegos lo beben como aperitivo y los turcos lo toman en las comidas.

Café y té

La bebida nacional es el té. Se cultiva en la zona del mar Negro y se bebe a cualquier hora. Siempre con azúcar y jamás con leche. A pesar de que los otomanos introdujeron el café en Europa, en Turquía no se toma mucho. El café turco bien molido y bien colado, con azúcar, es delicioso, pero el Nescafé y el *espresso* italiano son cada vez más populares. Los tés de hierbas como el *adaçay* (té de salvia) o el *ıhlamur* (tila) gustan menos que el famoso *elma çay* (té de manzana).

● ● ● ● ● ● ● ●

✉ Yahya Kemal Cad 42, Rumeli
Hisari Sariyer

🕐 Jue-mar: 9 h-18.30 h

📞 www.muze.gov.tr

🚌 Autobús 40, 40T desde
Taksim; 22, 22RE, 25E desde
Eminönü Kabataş

⛴ Ferri desde Eminönü a
Bebek, luego autobús

✛ Anadolu Hisarı

❚ RUMELI HISARI ★★

El majestuoso castillo de Rumeli domina el punto
más estrecho del Bósforo. Lo construyó Mehmet II
el Conquistador en cuatro meses, en 1452, frente
al castillo de Anadolu Hisarı. Desde aquí consiguió
cortar el suministro a Constantinopla de víveres
procedentes del mar Negro, factor decisivo en la
conquista otomana de la ciudad un año más tarde.
Esto permitía controlar el paso marítimo entre el
mar Negro y el mar de Mármara. Fue restaurado
en 1953. Con sus torres y murallas, Rumeli es un
buen ejemplo de la arquitectura militar otomana.
En verano se celebran conciertos y obras de teatro.

RÜSTEM PAŞA CAMII ★★★

En una calle comercial muy concurrida se abre una pequeña puerta que conduce a unas escaleras oscuras. Es la preparación para la calma y el esplendor que hay más allá. Se trata de una de las más bellas obras de Sinán, construida en 1561 para Rüstem Paşa, gran visir y yerno de Solimán el Magnífico, casado con su adorada hija Mihrimah. La mezquita está construida en un ángulo desde el que se divisan varias tiendas; resulta un lugar ideal para sentarse en los bancos de *La terraza* y dejar transcurrir el tiempo, mientras los olores que llegan del cercano Bazar de la Especias (▶66) abren el apetito. Llaman la atención los azulejos azules y rojos que hay detrás del inusual doble pórtico, que datan del mejor período de Iznik (1550-1620). La sala de oración está perfectamente proporcionada y también está adornada con los célebres azulejos, con motivos geométricos y florales de claveles y tulipanes rojos sobre hojas verdes. La mayoría de estos azulejos fueron traídos desde Iznik por el propio Rüstem Paşa, aunque parece ser que los que rodean el *mihrab* (nicho que indica la dirección de la Meca) los eligió directamente Sinán.

SADBERK HANIM MÜZESI ★★

Una magnífica *yalı* (mansión) de madera del XIX alberga una valiosa colección de objetos arqueológicos y otomanos. Está pintada de blanco y dividida en dos partes. En la parte de la izquierda se halla el museo arqueológico, con los objetos colocados en orden cronológico, muy bien expuestos sobre un fondo de mármol negro. Son una muestra de la civilización de Anatolia, desde el neolítico hasta la era bizantina. El primer piso está dedicado a la prehistoria e incluye una diosa madre de barro con más de 7 500 años de antigüedad y jarrones de cerámica tan brillantes que parecen de metal. Anatolia entró en la historia de la mano de las tablillas de arcilla grabadas con escritura cuneiforme. En el descansillo hay una colección de lámparas de aceite y piezas de joyería, entre las que destacan unas diademas de oro con hojas de olivo.

En el segundo piso se exponen objetos que abarcan desde el período micénico hasta el principio del período bizantino. Algunas piezas muestran una mezcla de tradiciones propias y griegas, vasijas clásicas decoradas con motivos animales o florales.

Las salas de la parte derecha de la *yalı* se restauraron para que recuperaran su antiguo esplendor. En el primer piso se exhibe la mejor colección de

---

- II, B2
- Hasırcılar Caddesi, Eminönü
- Amanecer-atardecer
- Autobuses al Puente de Gálata, Eminönü
- Tranvía a Eminönü
- No
- Süleymaniye Camii, Mısır Çarşısı

◀ Exterior e nterior de la mezquita Rüstem Paşa.

- Piyasa Caddesi 25, Büyükdere, costa europea del Bósforo
- 10 h-17 h. Cierra miércoles
- www. sadberkhanimmuzesi.org.tr
- Autobús 25T (Taksim), 25E (Kabataş) y 40B (Beşiktaş)
- Ferri a Sarıyer y un paseo de 10 minutos
- No
- Bósforo
- En la tienda del museo se venden objetos de cerámica y libros sobre cultura otomana

azulejos raros de Iznik y cerámica de Kütahya. En el piso de arriba se recrea la vida en una *yalı* y las costumbres de los bizantinos acaudalados, mediante la exposición de varios objetos, como la cama en la que Rahmi Koç descansó después de su circuncisión, la habitación de un recién nacido o una colección de trajes, ricamente bordados.

▎ SANTRAL ISTANBUL ★★

La que fuera la antigua central eléctrica de Silahtarağa, la primera del Imperio otomano, caída en desuso en los años 80 del siglo pasado, se reconvirtió en un complejo multicultural que engloba el museo de la energía, un museo de arte contemporáneo, sala de conciertos, librería pública y un campus universitario.

▎ ŞEHZADE CAMII
(MEZQUITA DEL PRÍNCIPE) ★★★

Solimán el Magnífico ordenó a Sinán en 1548 que construyera este gran complejo en honor a su hijo mayor Mehmet que había muerto en 1543 de viruela. Fue el primer edificio imperial encargado a Sinán y en el ya se aprecia su genio. Una de sus innovaciones fue esconder los contrafuertes detrás de una galería con columnas en las fachadas norte y sur. Los dos minaretes están cuidadosamente adornados con bajorrelieves de figuras geométricas y en los balcones hay incrustaciones de terracota. El interior no tiene columnas y más que inspirar, impone. Hay decoraciones caligráficas blancas sobre fondo azul.

• • • • • • • •

✉ Eski Silahtarağa Elektrik Santrali Kazım Karabekir Caddesi 2, Eyüp
🕐 8.30 h-17 h
💻 www.santralistanbul.org
🚐 Transfer gratuito desde Taksim

• • • • • • • •

🔲 II, B1
✉ Şehzadebaşı Caddesi, Saraçhane
🕐 Abierta todo el día, excepto horas del rezo
🚋 Tranvía a Laleli
➕ Bozdoğan Kemeri, Karikatür Müzesi

▼ Interior de Şehzade camli.

Sinán también diseñó la tumba del príncipe, que está en el jardín junto con la de Rüstem Paşa y la de Ibrahim Paşa. Atravesando el jardín se llega a la elegante *madrasa* (escuela islámica) del siglo XVIII de Damat Ibrahim Paşa.

▎SELIMIYE KIŞLASI (CUARTEL DE SELIMIYE) ✳

También conocido como Museo de Florence Nightingale. El enorme cuartel de Selimiye es uno de los edificios emblemáticos de la costa asiática de Estambul. Lo mandó construir Selim III en 1800 para el nuevo cuerpo de Nizam-ı Cedid, en un intento de minimizar el poder de los jenízaros. Pero el plan fracasó, porque los jenízaros se dieron cuenta; en 1808 quemaron el edificio y mataron al sultán. En 1828, después de la matanza de jenízaros ordenada por el sultán Mahmud II, se reconstruyó y el sultán Abdülmecid lo amplió. El edificio actual cuenta con más de 1.100 ventanas. Durante la Guerra de Crimea (1854-1856), este cuartel fue convertido en hospital. Es zona militar, por lo que para la visita, hay que hacer llegar previamente a la misma la fotocopia del pasaporte, el día y hora de la visita, y un teléfono turco de contacto (hotel donde uno se aloje), además de no olvidarse el día de la visita del pasaporte.

▎SOKULLU MEHMET PAŞA CAMII ✳✳✳

Entre las mezquitas pequeñas, esta es una de las más bellas, construida por Sinán en 1571 para Sokullu Mehmet Paşa. Sokullu Mehmet Paşa fue un

· · · · · · · ·

🚋 I, D4
🚢 Harem Feribot Iskele
🕐 Lun-vie: 9 h-16 h
⛴ Ferri desde Sirkeci a Harem Iskelesi
♿ No
⊕ Üsküdar

▼ Complejo de la mezquita Sokullu Mehmet Paşa.

jenízaro que pasó por todos los rangos de la corte otomana y se convirtió en el último gran visir de Solimán el Magnífico. Se casó con Esma, la hija de Selim II, el sucesor de Solimán, y a ella le dedicó la mezquita. Bajo una gran puerta sale un tramo de escaleras que conduce a un gran patio rodeado por las habitaciones de la *madrasa,* en donde se oye el murmullo de los niños que estudian el Corán.

Del interior, con una cúpula alta y elegante, destacan los paneles de azulejos de Iznik del muro este. Entre claveles y tulipanes de color rojo, verde y azul brillante aparecen inscripciones coránicas blancas sobre fondo azul. Rasgo muy original, los diseños y los colores se repiten sobre el *mimbar.* El resto de las paredes es simple piedra blanca tallada que resalta los colores de los azulejos. La galería descansa en arcos que terminan en elegantes columnas de mármol y desde ella se aprecia perfectamente la calidad de los azulejos. Sobre la entrada y en el *mimbar* hay incrustaciones de piedra verde supuestamente procedentes de la Kaaba de la Meca, un ingrediente más de la santidad del lugar.

▲ La plaza Taksim
con el monumento
a la República.

┃ SÜLEYMANIYE CAMII (▶30) ★★★

┃ SULTANAHMET CAMII (▶26) ★★★

┃ SULTAN AHMET TÜRBESI ★

El sultán Ahmet I murió a los 28 años, solo un año
después de que supervisara la construcción de la
Mezquita Azul (▶26). Su *türbe* forma parte del complejo de la mezquita y fue completada por su hijo, el
sultán Osmán II. Los jenízaros derrocaron a Osmán
cinco años después de la muerte de Ahmet y lo
mataron estrujándole los testículos. Su hermano
Murat IV también está enterrado aquí. La tumba es
una cámara cuadrada adornada con azulejos del
último período de Iznik, con ocho arcos que soportan la cúpula.

• • • • • • • • •

II, D3
At Meydanı, cerca de
Sultanahmet Camii
8.30 h-19 h, en verano
hasta las 20 h
Tranvía a Sultanahmet
Pocos
At Meydanı, Sultanahmet
Camii

┃ SULTAN MAHMUT II TÜRBESI ★

El mausoleo del sultán Mahmut II es de 1838 y su
estilo francés responde al gusto por occidentalizar
el imperio. Un gran candelabro cuelga de una cúpula
de mármol. Las tumbas que pertenecen al sultán y

• • • • • • • •

II, D3
Divan Yolu Caddesi
Invierno: 9.30 h-17 h;
verano: 9.30 h-19.30 h
Tranvía a Çemberlitaş
Divan Yolu

UN PASEO A PIE

Del Puente de Galata a Beşiktaş

Recorrido
5 km

Duración
5-6 horas

Punto de partida
- II, A-B3
- Puente Galata
- Sobre el Haliç entre Eminönü y Gálata
- No
- Muelles del ferri de Eminönü o Karakoy

Fin del trayecto
- I, B4
- Mezquita de Sinán Pasha
- Embarcadero: Beşiktaş (Ş.Hatları; Kadıköy)

Refrigerios
Bajo el puente hay restaurantes, bares, casas de té y puestos con sardinas frescas. A medio camino se encuentra el Sardunya Karaköy, especializado en marisco y pescado y con vistas al Bósforo.

▼ Bares bajo el puente de Galata.

❚ Comience en la parte norte del **Puente de Galata** (▶55). Desde el puente siga recto por la calle pavimentada Kemeralti Cd. Desde el mismo embarcadero, siguiendo esta misma calle, en los siguientes 800 metros, todo lo que queda a la izquierda es el **barrio de Karaköy**. Se trata de uno de los barrios de moda trufado de modernas y elegantes cafeterías con mesas en la calle que conviven con negocios locales. Algunos edificios con grafitis dan cobijo a estudios y tiendas de ropa de diseñadores locales.

Vuelva a la calle principal Kemeralti Cd. para continuar dirección norte. Un kilometro más adelante llegamos a la estación de Kabataş desde donde salen ferris hacia Üsküdar y otros lugares del lado asiático.

❚ Si seguimos caminando, a unos 300 metros llegamos a la **Mezquita de Dolmabahçe**, encargada por la reina madre Bezmiâlem Sultan, aunque su hijo el sultán Abdülmecit I el que consiguió terminarla en 1855. Un poco más adelante se encuentra el esplendoroso **palacio de Dolmabahçe** (▶52), que sirvió de principal centro administrativo del Imperio otomano de 1853 a 1922 siendo además el primer palacio de estilo europeo (neobarroco) construido en Estambul.

Seguimos caminando otros 500 metros dirección norte por la Kemeralti Cd. hasta llegar al cruce con Barbaros Boulevard. En esta misma esquina se halla la **mezquita de Sinan Pasha**, construida en 1555 por el célebre arquitecto Sinán.

❚ Regresando dirección al embarcadero, en una zona ajardinada se extiende la **tumba del famoso pirata Barbaroja** (▶16) responsable en gran parte de establecer la hegemonía del Imperio otomano en el Mediterráneo.

Unos 100 metros a la izquierda, junto al Hotel Shangri-La Bosphorus se extiende el embarcadero de Beşiktaş desde donde se puede coger un barco de vuelta hasta Eminönü u otros destinos.

su familia, incluidos los sultanes Abdul Aziz y Abdul Hamit II, están envueltas en rico terciopelo.

❘ SULTAN SELIM CAMII (YAVUZ SELIM CAMII) ✶✶

La mezquita de Selim I el Terrible corona la quinta colina de Estambul y sobresale sobre el Cuerno de Oro. La mandó construir Solimán el Magnífico en 1522 en honor a su padre; sigue siendo uno de los edificios más bonitos de la ciudad. El patio está formado por 18 arcos policromados que descansan sobre columnas antiguas de mármol y granito. La fuente de las abluciones está rodeada de cipreses. Las lunetas que se encuentran sobre las ventanas están decoradas con azulejos de Iznik. El interior es bastante sencillo en sintonía con el carácter del sultán, y en todo el edificio hay poca decoración en general. En el jardín se hallan las tumbas de Selim I y de algunos de sus nietos, además de la de Abdülmecid I, sultán del siglo XIX. Desde su parque las vistas del Haliç (Cuerno de Oro) y Beyoğlu son sensacionales.

- 🗺 II, A1
- ✉ Yavuz Selim Caddesi, Fatih
- 🕐 8.30 h-18.45 h, excepto durante el rezo en la mezquita
- 🚌 Autobuses "Fener" 55T desde Taksim, 99-99A desde Eminönü y después subida de 15 minutos caminando
- ♿ No
- ➕ Bulgar Kilise, Fethiye Camii, Megali Scholio y Santa María de los Mongoles

❘ TAKSIM MEYDANI (PLAZA DE TAKSIM) ✶✶

La plaza de Taksim (Taksim meydanı) es el corazón de la Estambul moderna. Está situada en la parte europea de la ciudad, en un importante distrito comercial, turístico y de ocio conocido por sus restaurantes, tiendas y hoteles. La palabra *taksim* significa distribución, y la plaza debe su nombre a un depósito de agua del siglo XVIII que estaba cerca del consulado francés, en Istiklâl Caddesi (▶57) y distribuía el agua a los barrios nuevos de la ciudad. En la actualidad alberga la **Galería Municipal de Arte** (Cumhuriyet Sanat Galerisi).

Al norte de la plaza, por Cumhuriyet Caddesi, se accede a Harbiye, Maçka, Şişli y Nisantaşı, bonitos y exclusivos barrios comerciales y residenciales. Un nuevo plan urbanístico está transformando la apariencia de Taksim, quedando la plaza y sus aledaños como zonas peatonales y el tráfico soterrado. Un intento por parte del gobierno de demoler el parque de Gezi culminó en graves protestas por una gran parte de la población turca en la primavera de 2013.

- 🗺 I, B3
- ✉ Taksim Meydanı
- 🚋 Tranvía desde Tünel o Kabataş
- ♿ Buenos
- ➕ Istiklâl Caddesi

❘ TEKFUR SARAYI (PALACIO DEL SOBERANO) ✶

Del bizantino Tekfur Sarayı (Palacio del Porfirogenito), majestuoso edificio de tres plantas, solo quedan las ruinas. Arcos policromados decoran las ventanas y en la fachada hay figuras geométricas en mármol blanco y ladrillo rojo. Uno debe imaginarse las ma-

- 🗺 I, B1
- ✉ Ayvansaray Mh., 34087 Fatih 🕐 9 h-17 h
- 🚌 Bus 28, Beşiktaş / Topkapı / Edirnekapı; 41AT / 41ST, que conectan áreas como Ayazağa / Davutpaşa con Topkapı ♿ Pocos; en las murallas, no
- ➕ Kariye Camii, Mihrimah Camii, Murallas de Teodosio

UN PASEO A PIE

Por el Palacio Topkapı

Recorrido
1 km

Duración
Medio día

Principio/Fin
II, C4
Tranvía a Sultanahmet

Comida
Cafetería (E-M) o restaurante
en el cuarto patio

▌ Desde **Bab-ı Hümayun,** puerta imperial, (también ▶28, 29), atraviese el primer patio y compre la entrada (a la derecha).

Atraviese Orta Kapı, y siga el camino que sale a la izquierda, al otro lado del segundo patio.

▌ Compre otra entrada para hacer una visita guiada al harén. El **Divan** es el lugar de reunión del consejo de estado. El sultán solía escuchar sus deliberaciones desde una ventana enrejada llamada "El Ojo del Sultán". El **Tesoro** alberga la colección de armas y armaduras.

Continúe por la **Babüssaade** o Puerta de la Felicidad hacia el tercer patio.

▌ Justo enfrente está la **Sala del Trono,** donde el sultán escuchaba al consejo de estado.

Camine hacia la derecha.

▌ El Pabellón del Conquistador alberga el espectacular **Tesoro de Topkapı.**

Atraviese el patio y vaya hacia el *Pabellón del Manto Sagrado.*

▌ Aquí se guardan las más preciadas reliquias islámicas: el Manto Sagrado, un pelo y la espada de Mahoma y el bastón de Moisés. Al lado está la colección de pinturas y miniaturas de Topkapı.

Siga hacia el cuarto patio y gire a la izquierda.

▌ Las vistas de Estambul desde la terraza de mármol son estupendas. El **Bağdat Köşkü** del siglo XVII contiene exquisitos azulejos. Al otro lado del patio se ubica el **Mecidiye Köşkü,** con un restaurante y una cafetería, ambos con vistas al Bósforo.

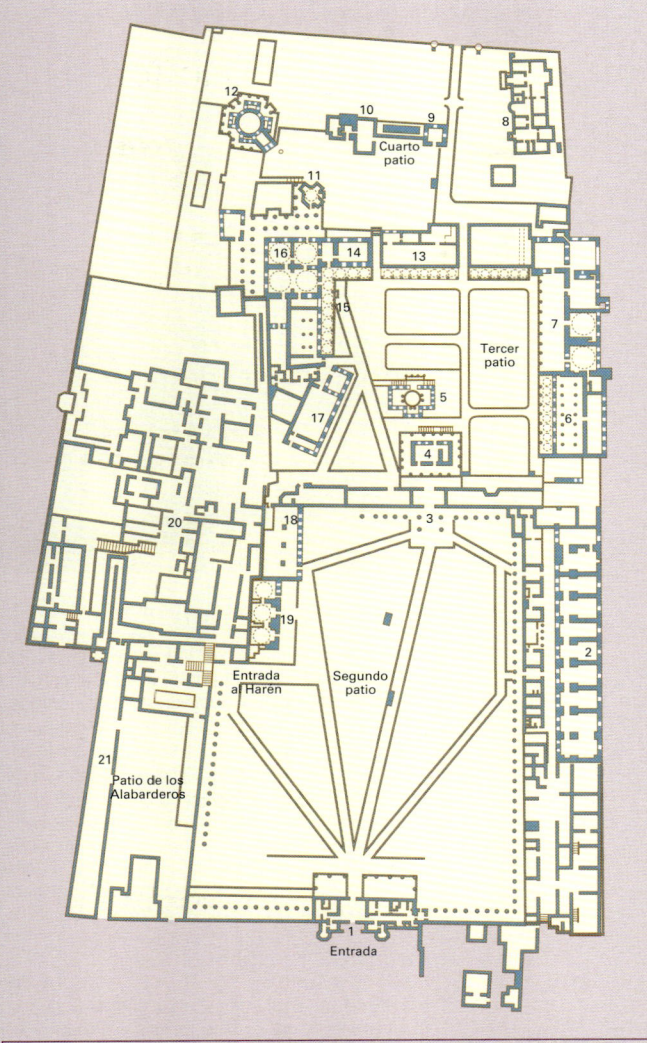

1. Puerta del Medio
2. Cocinas
3. Puerta de la Felicidad
4. Sala de Audiencias
5. Biblioteca de Ahmet III
6. Hamam de Selim II
7. Tesoro
8. Pabellón de Abdülmeçit
9. Baslâla Kulesi
10. Quiosco de Mustafá Paşa
11. Quiosco de Eriván
12. Quiosco de Bagdad
13. Colección de Miniaturas y Retratos
14. Colección de Relojes
15. Sala de las Reliquias
16. Sala de las Circuncisiones
17. Mezquita de los Agalar
18. Colección de Armas Antiguas
19. Diván
20. Harén
21. Museo del Automóvil

ravillosas vistas que se debieron disfrutar desde las ventanas del último piso, el único que quedaba por encima de las Murallas de Teodosio. Parece ser que el palacio se construyó como anexo del cercano Palacio de Blanquerna, el más importante de todos los palacios bizantinos. Después de la conquista otomana, en él estaba la casa de fieras del sultán, en la que había elefantes y jirafas. Posteriormente se utilizó como talleres y después se convirtió en ruinas. Aunque parte del edificio original había sido muy deteriorado, se ha restaurado y abierto al público como museo en los últimos años. Podéis ver restos de lo que fue salón de audiencias, habitaciones superiores, balcones, capilla lateral, etc.

I MURALLAS DE TEODOSIO (TEODOS II SURU) ★★★

Los 6,5 km de largo que miden las murallas que rodean Estambul por su lado terrestre, se extienden desde el mar de Mármara al Cuerno de Oro y reciben su nombre de Teodosio II, aunque cuando se comenzó la construcción él solo era un adolescente (413 d.C.). La primera parte se levantó para proteger la creciente ciudad de Constantinopla, pero un terremoto la destruyó casi por completo, con lo que la ciudad se quedó sin defensas. Frente al avance del ejército de Atila, el rey de los hunos, todos los ciudadanos se

- - - - - - -

 I, B-D1
✉ Yedikule, Topkapı, Edirnekapı
🕐 Todo el día
🚌 Autobús desde Eminönü: 80 a Yedikule; 50k y 80 T; MR11, MR20
♿ No
➕ Tekfur Sarayı, Kariye Camii, Koca Mustafa Paşa Camii, Mihrimah Camii, Yedikule

◄ Murallas de Teodosio.

vieron obligados a ayudar en la reconstrucción. En la Puerta de Mevlana (Mevlana Kapı) hay una inscripción que reza: "Por orden del emperador Teodosio II, el prefecto Constantino erigió estas fuertes murallas en menos de dos meses". Las originales tenían un grosor de 5 m y 12 m de alto, flanqueadas por otro muro exterior de 2 m de ancho y 8,5 m de alto, un foso de 20 m de ancho y 96 torres. Protegieron la urbe durante más de 1 000 años, pero la ciudad fue tomada por Mehmet II el 29 de mayo de 1453. Para muchos historiadores esta fecha marca el fin de la Edad Media. Fueron declaradas por la Unesco Patrimonio de la Humanidad, en 1985.

Recorrerlas enteras lleva todo un día. Se puede empezar en Yedikule (►85) y seguir hasta Yedikule Kapı. El paseo que discurre por la parte de arriba del muro interior conduce a Belgrade Kapı, que tiene incrustada una bala de cañón de la época de Mehmet II. Después se atraviesan los cementerios que hay al este de las murallas, hacia **Silivri Kapı** y se continúa por las callejas hasta llegar a **Mevlana Kapı**. Desde aquí lo mejor es seguir por las calles hasta Topkapı (más balas de cañón). Adnan Menderes (Vatan) Caddesi se dirige hacia Edirnekapı, donde terminan las murallas y llega hasta el Tekfur Sarayı (►79), los cuidados jardines que hay en la orilla del Cuerno de Oro. Lo mejor es ser discreto y no llevar joyas.

II, D3
At Meydanı 46, Sultanahmet
9 h-19.30 h, en invierno
hasta las 18.30 h
No
At Meydanı, Sultanahmet
Camii, Binbirdirek Sarnıç

| TOPKAPI SARAYI (▶28, 80)　　★★★

| TÜRK VE ISLAM ESERLERI MÜZESI　★★★

Cuando Ibrahim Paşa, gran visir y amigo de Solimán, terminó de construir su palacio en 1523, era el más grande del Imperio otomano, mayor incluso que el de Topkapı (▶28). Quizás esto influyera en la campaña que Roxelana, la esposa de Solimán, libró contra él. Ibrahim Paşa fue asesinado por orden del sultán. Lo que quedaba del palacio se restauró en la década de 1960 y se convirtió en el **Museo de Arte Turco e Islámico** (siglos VII al XXI). El museo ha sido recientemente reorganizado; durante los trabajos de restauración se encontraron algunos restos del hipódromo, que podéis admirar en una sala cerca de la entrada. En las salas del segundo piso, cada una dedicada a un período histórico o a una región, se exhiben valiosas colecciones desde el siglo VII hasta el ocaso del Imperio otomano: manuscritos y alfombras, lámparas de vidrio, cerámicas, muebles, todos procedentes de las primeras colecciones otomanas dedicadas al arte islámico. Destacan entre otros los **Documentos de Damasco**, una colección de manuscritos del Corán que data del siglo VIII; la puerta y los batientes de la Gran Mezquita de Cizre (siglo XIII); las reliquias del Profeta; las grandes salas con alfombras otomanas.

La sección etnográfica (entrada desde el patio, a la izquierda) alberga algunas salas dedicadas a la vida cotidiana en la ciudad del siglo XIX, con objetos y dioramas dedicados, por ejemplo, a la cultura del café y del *hamam,* al arte de la caligrafía, de la alfombra y del *karagöz* (teatro de sombras).

| ÜSKÜDAR　　★★

Üsküdar es hoy uno de los principales barrios de la parte asiática de Estambul. A tan solo 15 minutos en

▼ Sala del Museo de Arte Turco e Islámico.

ferri desde Eminönü, las diferencias no son espectaculares. Aunque ahora es un barrio de Estambul, durante el Imperio otomano quedaba fuera de las murallas. En aquella época se consideraba un signo de grandeza que la rica y famosa Constantinopla construyera mezquitas e instituciones religiosas en la costa asiática, por lo cual la concentración empieza en el mismo muelle del ferri.

Desde Hakimiyet-i Milliye Meydanı, la Caravana Sagrada partía hacia La Meca, con camellos blancos cargados de regalos del sultán y una larga fila de peregrinos. La plaza, con la fuente barroca en el centro, está dominada por la **Mihrimah Sultan Camii** (1548), también conocida como **Iskele Camii** (la Mezquita del Muelle), la primera de las dos que Sinán construyó para la hija de Solimán. Atravesando la plaza está **Yeni Valide Camii**, construida en 1710 por Ahmet III para su madre; tiene un bonito patio con frondosos árboles. La tumba de la madre del sultán está cubierta de rosas. La mezquita de caliza blanca es la **Şemsi Paşa Camii**, levantada por Sinán para un visir de Solimán.

Justo detrás se halla **Rum Mehmet Paşa Camii**, una iglesia bizantina construida en el siglo XV por un griego, Mehmet Paşa, que más tarde se convertiría al islamismo. Siguiendo la orilla, hacia Kadıköy, se ve **Ayazma Camii**, mezquita barroca del siglo XVIII construida por Mustafá III para su madre, cerca de un manantial sagrado. A unos 200 m de la costa se levanta una de las señas de identidad del Bósforo, **Kız Kulesi** (Torre de la Doncella), una torre blanca en una islita que ha servido de fortificación, lugar de cuarentena y puesto aduanero. Debe su nombre a una leyenda que cuenta que un sultán envió a su hija a la isla para evitar que se cumpliese la profecía de que moriría por la mordedura de una serpiente. Sin embargo una cesta con fruta llegó a la isla y en su interior estaba la serpiente que cumplió la profecía. Tras una gran restauración en 1998, hoy en día alberga un café durante el día y un restaurante por la noche, accesibles por barco desde la orilla.

También en Üsküdar se encuentra la futurista **mezquita Şakirin,** la más moderna de Turquía cuyo diseño interior ha sido realizado por una mujer, Zeynep Fadıllıoğlu.

▮ YEDIKULE
(CASTILLO DE LAS SIETE TORRES) **
Yedikule Kapı, puerta bizantina que conduce a Yedikule, o Castillo de las Siete Torres, es la más importante de las 18 puertas de la ciudad. El castillo

· · · · · · · ·
📍 I, C4
🗺 Costa asiática del bajo Bósforo
🕐 Mezquitas, abiertas todo el día, excepto en las horas de rezo
🚢 Desde el embarcadero n° 1 de Eminönü a Üsküdar
♿ No
🚇 Selimiye Kışlası

• • • • • • • •

🏙 I, D1 (f.p)

✉ Murallas de Teodosio, cerca del mar de Mármara, Yedikule

🕐 9 h-18 h, excepto lunes

🚌 Autobús 80 desde Eminönü; 80T desde Taksim

🚆 Desde Sirkeci a Yedikule Istasyonu

♿ No

➕ Imrahor Camii, Muralla de Teodosio

hoy es museo; cuenta con 1 600 años de historia y es un edificio curioso que combina elementos bizantinos y otomanos. **Altın Kapı** (Puerta Dorada) es un arco triunfal que se abre en la pared oeste, flanqueado por dos torres de mármol, construido por Teodosio I en el 390. Es la primera puerta que se levantó en la colina y debe su nombre a las planchas y estatuas doradas que la decoraban; solo podían atravesarla los emperadores y los gobernantes extranjeros. Las otras cinco torres que hay en Yediküle las añadió Mehmet el Conquistador cuando la convirtió en fortaleza. A pesar de las apariencias, nunca se usó como castillo, sino como tesoro y prisión. Las celdas de la propia Puerta Dorada fueron escenario de varias ejecuciones, entre otras la del sultán Osmán II, que fue torturado y colgado.

I YENI CAMII (NUEVA MEZQUITA)   ******

El nombre oficial es Yeni Valide Sultan Camii pero se llama la Nueva Mezquita porque solo tiene 400 años de antigüedad. Es muy grande y como está cerca de los bazares y de las estaciones de ferri y autobuses parece más accesible que cualquier otra. Tres escalinatas, con frecuencia llenas de palomas, conducen al patio de la mezquita. El patio está porticado y contiene columnas antiguas y una bonita fuente hexagonal para las abluciones que solo tiene fines decorativos. La sala de oración es un cuadrado perfecto y parte de las paredes está adornada con azulejos de Iznik.

• • • • • • • •

🏙 II, B3

✉ Rustem Pasa Mah., 34116 Fatih. Está muy cerca del mercado de las especias

🕐 Del amanecer al atardecer, salvo horas de rezo

🚌 Cualquiera hacia Eminönü

🚋 Tranvía a Eminönü

♿ No

➕ Galata Köprüsü, Mısır Çarşısı, Rüstem Paşa Camii

I YEREBATAN SARAYI (▶31)   *******

I YILDIZ PARKI (YILDIZ PARK)   *******

Este célebre parque público es muy grande y cuenta con muchos árboles, pabellones, estatuas, jardines y lagos; en otra época fueron los jardines del Palacio Imperial de Yıldız. Tanto el palacio como el parque, añadiendo muchos túneles y refugios subterráneos, los construyó el sultán Abdülhamid II, quien gobernó el imperio entre 1876 y 1909. En 1979 el Turkish Touring Club se encargó de la restauración del parque y de los pabellones.

El edificio más interesante es el **Şale Köskü,** copia de un chalé suizo. Se construyó con motivo de la visita en 1889 del káiser Guillermo II. En las visitas guiadas se aprecia el típico interior del siglo xıx profusamente decorado con paneles pintados, un salón con incrustaciones de madreperla, sillas hechas por el propio sultán y el salón de las recepciones con

• • • • • • • •

🏙 I, A4

✉ Çırağan Caddesi, Costa europea del bajo Bósforo, entre Beşiktaş y Ortaköy

♿ No

🕐 Desde el amanecer hasta el anochecer

⛴ Beşiktaş Vapur Iskelesi (muelle del ferri)

➕ Çırağan Palace Kempinski, Ortaköy mii, Muralla de Teodosio

◀ Paseo por Yildiz Parki.

una alfombra de 400 m². Es un parque muy popular por ser uno de los pocos que se encuentran en el centro de la ciudad y los fines de semana se llena de visitantes que acuden a pasear a él.

▌ ZEYREK CAMII (IGLESIA DEL PANTOCRÁTOR) ✳

En el siglo XII, San Juan II Comneno y la emperatriz Irene de Hungría promovieron la construcción de esta iglesia, que en principio era un mausoleo familiar formado por dos iglesias, una capilla, una biblioteca y un hospital. No queda nada del cercano monasterio que en su día fue el mayor del imperio, fundado también por esta emperatriz. Durante más de tres siglos se enterró aquí a los emperadores, pero a raíz de la conquista otomana el mausoleo se convirtió en mezquita y se trasladaron las tumbas. De la decoración interior solo se conservan los mosaicos del pasillo, una puerta de mármol de tres hojas y un medallón de mármol de Sansón, tapado con una alfombra.

II, B1
Ibadethane Sokaşı, sale de Atatürk Bulvarı, Unkapanı
Abierta todo el día, excepto en horas de rezo
No
Bozdoğan Kemeri, Karikatür Müzesi

▌ ZOODOCHOS PEGE (BALIKLI KILISE O IGLESIA DE LOS PECES) ✳✳

Situada en extramuros y algo escondida, esta iglesia fue consagrada a la Virgen en el siglo V. Es la meta de peregrinación más importante para la iglesia ortodoxa griega. Ha sido destruida y levantada de nuevo en muchas ocasiones y la actual construcción data del siglo XIX. Dentro del recinto hay un pequeño cementerio cuyas tumbas pertenecen a obispos y patriarcas ortodoxos, pero la principal atracción es la **Ayazma** (manantial sagrado) en cuyas aguas, a las que se les atribuyen poderes curativos, nadan unos peces sagrados, precisamente por los cuales la gente se refiere a esta iglesia, popularmente, como la "de los peces".

I, D1 (f.p)
Seyitnizam Mah., 34015 Zeytinburnu
Visitar la iglesia y confirmar el horario
93T desde Taksim, 93C Beyazit, y 93 desde Eminönü. Parada de Silivrikapı

A un **paso** de **Estambul**

Estambul tiene mucho que ofrecer pero no es precisamente un sitio tranquilo. Si se busca paz y naturaleza, lo mejor es ir al Bosque de Belgrado o hacer un crucero por el Bósforo. Las islas Príncipe están muy cerca y son tranquilas y se puede alquilar una maravillosa *yalı* del XIX; pero hay que tener en cuenta que en el verano son miles las personas que buscan el frescor en el mismo sitio. Cerca de Estambul, las mejores playas son Kilyos y Şile, en el mar Negro.

▌ Excursiones

Los fines de semana, parece como si todos los habitantes de la ciudad quisieran huir a la vez, lo que provoca un tráfico horrible. Para huir de las multitudes es aconsejable dirigirse a enclaves rurales, en busca de bosques, aire fresco y estupendas excursiones; también se puede subir a la montaña, que tampoco está lejos. En invierno se puede esquiar a tan solo un día de viaje de Estambul, en Uludağ, una de las primeras estaciones que se abrieron en Turquía. Los amantes de la arquitectura otomana pueden ir a Edirne, Bursa o Iznik.

▌ ADALAR (ISLAS PRÍNCIPE)   ★★★

Se han convertido en el destino preferido para muchas familias. Las calles siguen siendo peatonales. El incremento de los servicios de ferri acarrea el riesgo de explotación con el consecuente deterioro de la belleza y tranquilidad de las islas. El nombre de las islas se remonta a la era bizantina, cuando los príncipes que tenían problemas en la corte se refugiaban en los muchos monasterios que se habían fundado allí. Hasta el siglo XIX las islas seguían siendo lugares de exilio e incluso en el 1691, la diminuta isla de **Sivriada** sirvió de prisión al depuesto primer ministro Adnan Menderes, que más tarde murió ahorcado.

✉ 20-30 km desde Estambul, en el mar de Mármara (Marmara Denizi)

⛴ Ferrl regular (barato) desde Kabataş (muelle de Adalar-Kadıköy), que cubre el trayecto a la isla más lejana en menos de 2 horas. Los barcos de la compañía Turyol son más rápidos pero menos frecuentes

♿ No

UN PASEO A PIE

Recorrido
75 km

Duración
5-6 horas

Punto de partida
III, A4
Taksim

Llegada
I, A4
Ortaköy

Refrigerios
Coma en cualquiera de los restaurantes de pescado que hay en el camino y tómese un té en algún kiosco de Yıldız Parkı.

Bosque de Belgrado y el Bósforo europeo

❚ Desde Taksim, vaya al norte por la autovía de Büyükdere.

Al pasar Büyükdere siga a la izquierda las indicaciones para Bahçeköy, en la orilla este de *Belgrad Ormanı* (Bosque de Belgrado) (►91).

❚ En la misma carretera están las ruinas del pueblo de Belgrado y dos de los acueductos construidos por Sinán.

Siga las indicaciones a *Sarıyer,* de vuelta al Boğaziçi (Bósforo).

❚ Pasee por la orilla, viendo las bonitas y bien conservadas *yalıs,* y visite el maravilloso **Sadberk Hanım Müzesi** (►73).

Vuelva a Estambul, siguiendo la carretera de la costa, plagada de buenos restaurantes de pescado.

❚ Después de Sarıyer está **Tarabya,** residencia de verano de muchos diplomáticos. Pasado Istinye, está **Emirgan,** famoso por sus tulipanes (la primera vez que se exportaron tulipanes de Turquía a Holanda fue en el siglo XVII). En medio del parque, precioso en primavera, hay tres pabellones del XIX, hoy convertidos en cafés y salas de conciertos.

Al otro lado del puente del **Fatih Sultan Mehmet Köprüsü,** construido en 1988 y catalogado como el tercer puente colgante del mundo, por longitud, está **Rumeli Hisarı** (►72). La carretera continúa hacia el acaudalado barrio de *Bebek.*

❚ Espléndidas casas en la orilla. A la sombra del siguiente puente está el distrito de **Ortaköy** (►67), cada vez más popular. Desde aquí la carretera vuelve a Beşiktaş pasado **Yıldız Parkı** (►86).

► Hombre contemplando el Bósforo.

▲ Bosque de Belgrado.

La isla más grande y la que más lejos está de Estambul es **Büyükada;** también es la más visitada. En el muelle hay coches de caballos que recorren la isla y pasan por delante de bonitas *konaks,* casas de verano construidas en madera, y calas de arena. El Monasterio de la Transfiguración, que está vacío, corona la colina norte y el Monasterio de San Jorge se halla en la otra colina. Las islas de **Burgaz** y **Heybeliada** tienen muy buenas playas.

▌ BELGRAD ORMANI (BOSQUE DE BELGRADO) **✱✱**

El Bosque de Belgrado es el pulmón de Estambul y la única zona verde propiamente dicha que tiene la ciudad. Fue famoso coto de caza en la época de los otomanos y parque de recreo para la comunidad extranjera de la ciudad. Debe su nombre a los trabajadores de Belgrado que contrató Solimán en 1512 para que controlaran el elaborado sistema de agua. Por todos los sitios se ven rastros de los depósitos y acueductos (merece la pena buscar). El más impresionante es el Uzun Kemer (Acueducto Largo), construido por Sinán en 1563.

▌ BURSA **✱✱✱**

La "Verde Bursa" está ubicada en una colina, a los pies del monte Uludağ; se trata de una ciudad moderna y activa, que conserva algunos de los primeros edificios otomanos de Turquía. Bursa fue la primera capital del imperio y los seis primeros sultanes están enterrados en Muradiye, complejo construido en 1424 por Murad II. Se halla en un

- ✉ 20 km desde el centro en la costa europea
- ⚓ Ferri desde Eminönü a Sarıyer o Büyükdere o un dolmuş desde Çayırbaşi, cerca de Büyükdere, a Bahçeköy
- 🚌 42T desde Taksim a Bahçeköy
- ✚ Sadberk Hanım Müzesi, Sarıyer

MAPA DE TURQUÍA

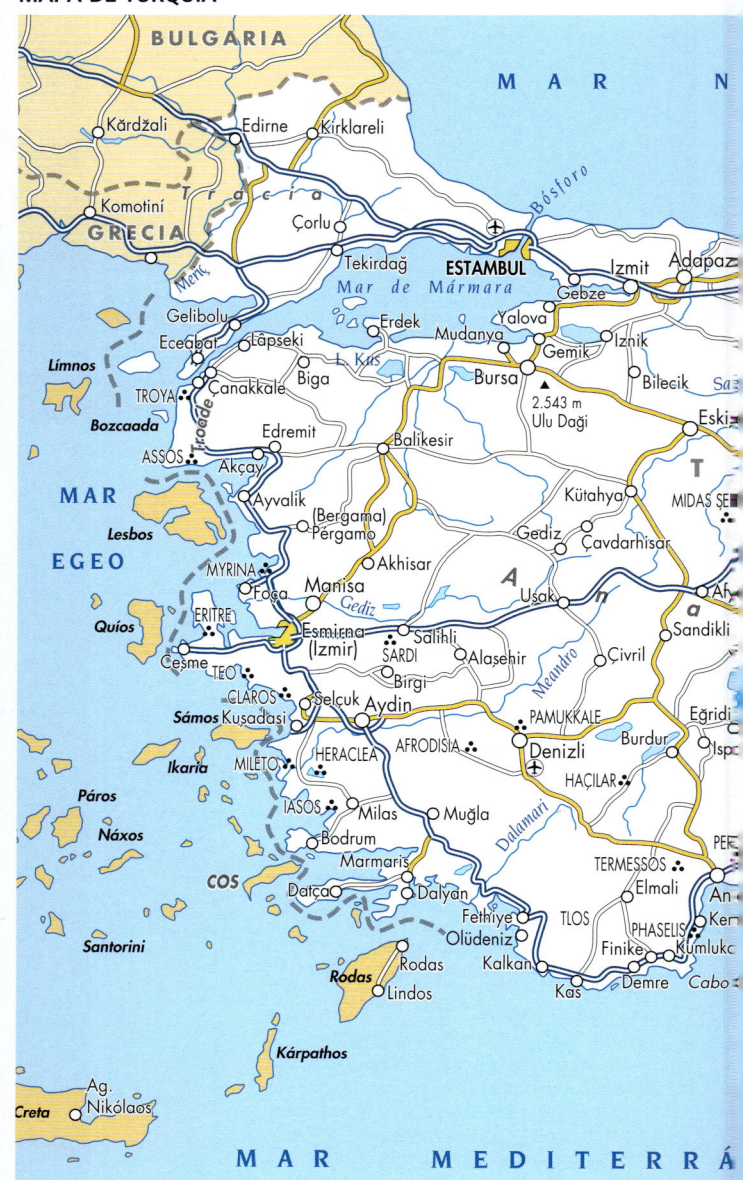

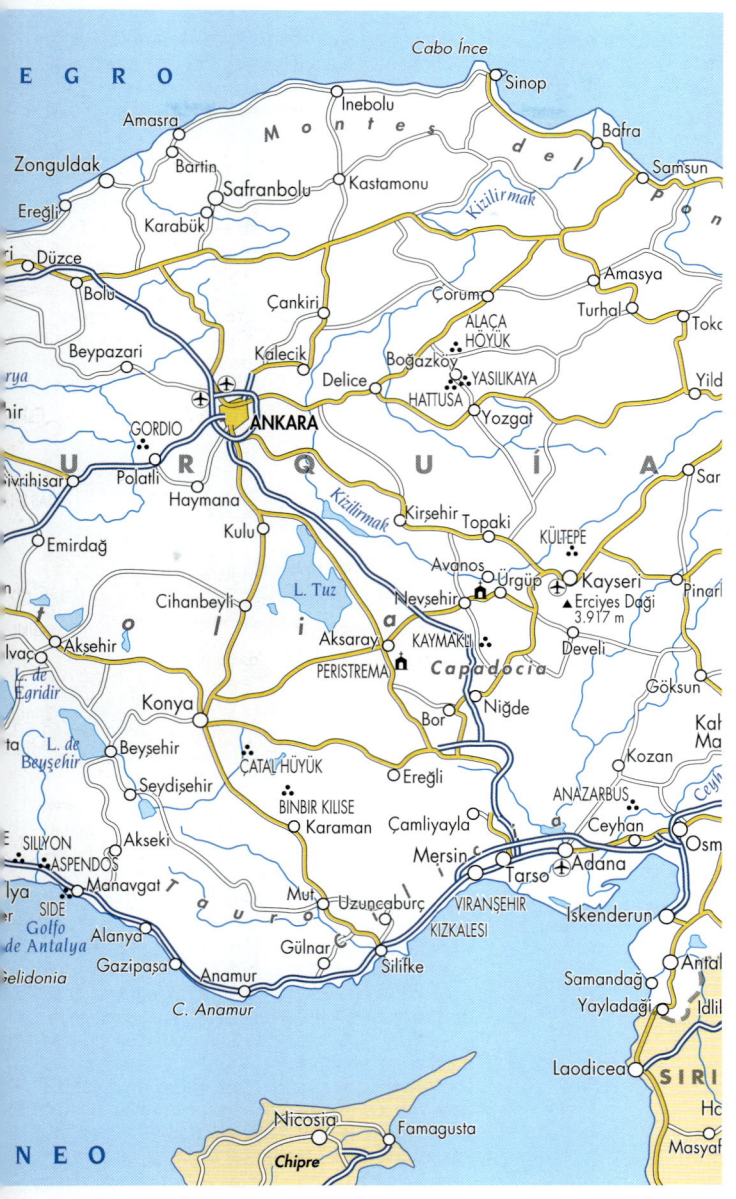

- ✉ 243 km desde Estambul
- 🕐 Muradiye: 8.30 h-17 h. Yeşil Türbe: diario, 8 h-18 h.
- 🌐 www.ido.com.tr
- 🚌 Autobús desde Estambul Esenler Otogar (4 horas)
- ⛴ Ferri desde Kabataş y Kadıköy a Mudanya (Bursa) (2 horas)
- ℹ Oficina de Turismo, Ulu Camii Parkı, Heykel
- ♿ No
- ✛ Uludağ

▶ Puente de Irgandı en Bursa.

- ✉ 250 km desde Estambul, en la frontera con Grecia y Bulgaria
- 🕐 Abierto todo el día, excepto durante os rezos
- 🚌 Autobús desde Esenler Otogar, Estambul
- ♿ No
- 🤼 Kırkpınar (festival de lucha libre), una semana entre may-jun en Sarayiçi, a 2 km de Edirne

jardín muy cuidado y las tumbas, incluido el espléndido *türbe* de Murad II, están profusamente decoradas con azulejos de Iznik, al igual que la mezquita.

Cerca, en el Kültür Parkı, hay un lago con barcas de alquiler, cafés y restaurantes, e incluso un museo arqueológico. En el corazón de Bursa se halla Koza Parkı, con fuentes y cafés, y Ulu Camii, construida en el siglo XIV por Beyazıt I, con una bella fachada de piedra blanca, una preciosa fuente en su interior y un *mimbar* (púlpito) de nogal. Cerca de Gazi Camii, del siglo XIV, se encuentran Koza Hanı (donde se venden gusanos de seda) y el Bedesten, el bazar de las famosas toallas de Bursa. En otra zona se levanta la espectacular **Yeşil Camii** (Mezquita Verde), suntuosamente decorada con azulejos. Los baños termales de Bursa son famosos desde la época de los romanos (▶123).

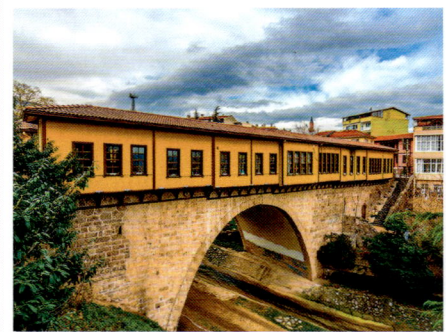

| EDIRNE ⭑⭑

Cuesta trabajo imaginar que esta pequeña ciudad dormitorio, la antigua Adrianopolis, fue la capital del Imperio otomano entre 1362 y 1453. En el centro se halla la mezquita más antigua, **Eski Camli,** con sus nueve cúpulas. Al lado se encuentran el recién restaurado caravasar de Rüstem Paşa, el Bedesten, que fue el primer bazar cubierto de Edirne, y un poco más allá, Semiz Ali Paşa Çarşısı, obra de Sinán de 1560 y en la actualidad cerrada por un incendio. Cerca está Üç Şerefeli Camii (mezquita de los Tres Balcones), construida por Murat II en 1447; fue la primera gran mezquita otomana, con su cúpula central y los esbeltos minaretes. A unos cientos de metros se levanta **Selimiye Camii,** dominando Edirne, que fue construida por Mimar Sinán para Selim II en 1575. El célebre arquitecto, que la terminó

▲ Interior de Eski Camii en Edirne.

a sus 80 años, la consideró su mejor trabajo. Hoy representa la culminación de la arquitectura clásica otomana. La cúpula es ligeramente más alta que la de Aya Sofya; la luz natural penetra a través de las vidrieras, lo que unido al mármol blanco, los adornos caligráficos y los azulejos de Iznik, le confieren una armonía perfecta. Los minaretes miden 70 m; son de los más altos del mundo. La *madrasa* (escuela islámica) alberga el Museo de Arte Turco e Islámico, con una interesante colección de retratos de campeones de lucha libre locales. **Muradiye Camii** está a las afueras y data del siglo XV; está decorada con azulejos de Iznik. Varios puentes históricos atraviesan el río Tunca, pero la orilla es zona militar.

▍ IZNIK ★★

La antigua Nicea, postriomente Iznik, produjo la mejor cerámica otomana entre los siglos XV y XVII. La producción se inició a raíz de que el sultán Çelebi Mehmet I importara alfareros de Persia. En el momento de máximo desarrollo, a finales del XVI, la

UN PASEO A PIE

La costa asiática de Boğaziçi (El Bósforo)

Recorrido
70 km

Duración
5-6 horas, dependiendo de la frecuencia de los ferris

Punto de partida
🔲 I, A4

Llegada
🔲 I, A4, (f.p)

Comida
Lo mejor es comer en Çengelköy o en Anadolu Kavağı (varios restaurantes de pescado)

Cruceros
En verano hay tres ferris *(vapur)* que salen diariamente (10.35 h, 12 h y 13.35 h), con la indicación de Boğaz. En primavera el número se reduce a dos (10.35 h y 13.35 h) y en invierno solo hay uno (10.35 h). Tarda aproximadamente 1 hora y 45 minutos hasta la última parada del Bósforo, en Anadolu Kavağı. Durante el trayecto paran en: Barbaros Hayrettin Paşa, Sarıyer, Rumeli Kavağı en la costa europea y en Kanlıca y Anadolu Kavağı en Asia. Uno se puede bajar donde quiera pero hay que comprar otro billete para ir a la siguiente parada. Más información en www.sehir-hatlari.com.tr. Turyol ofrece tours sin paradas, más cortos. Los horarios son más frecuentes y pasan cerca de la orilla. Salidas desde Eminönü y Üsküdar y los fines de semana de Kadıköy. Más información en www.turyol.com.tr

❙ La mejor manera de ver los monumentos de la costa asiática es en taxi. Admire los palacios y fortalezas y vuelva en barco desde la última parada del ferri.

Salga por la mañana de Beyoğlu por el puente colgante de Boğaziçi (Bósforo).

❙ Al lado del puente está el **Beylerbeyi Sarayı** (▶43), del siglo XIX. Continúe por la carretera de la costa hasta Çengelköy, admirando el bien conservado Kırmızı Yalı y la fuente barroca de la plaza.

Pasado el pueblo está **Kuleli,** una famosa escuela de oficiales y el más pequeño de los dos hospitales que Florence Nightingale dirigió durante la guerra de Crimea.

❙ Continúe por el palacio rococó de **Küçüksu Kasrı** (▶62) y camine desde allí hasta las ruinas del **castillo de Anadolu Hisarı** (▶38). Kanlıca, más al norte, es famoso por su yogur servido con azúcar.

Pase el pueblo y siga los indicadores a Çubuklu.

❙ Encima de la colina está el **palacio del jedive de Egipto, Hıdıv Kasrı.**

Vuelva a la carretera principal y siga hacia el norte.

❙ En **Pasabahçe** hay una antigua destilería de *rakı* en la que se realizan catas. Continúe hasta **Beykoz** y admire la espléndida *yalı* de Mehmet Ali Paşa.

Anadolu Kavağı es la última parada del barco. Compruebe los horarios al llegar, antes de decidir si es hora de sentarse a comer un pescadito o subir hasta el **castillo de Yoros,** que domina todo el pueblo. Coja el barco y vuelva a Estambul.

▲ Mezquita Verde en Iznik.

ciudad contaba con más de 300 hornos. La ciudad todavía está limitada por las murallas defensivas que se construyeron en el 300 a.C. Se atraviesan las murallas por la puerta de Estambul (Istanbul Kapısı). Entre las puertas hay un arco en honor al emperador Adriano.

El monumento bizantino más importante de Iznik es la basílica de Ayasofya, construida por Justiniano en el siglo VI, y muchas veces restaurada. Después de la conquista otomana se convirtió en mezquita; en la actualidad es un museo que contiene un bello suelo de mosaico e impresionantes frescos.

En el barrio noreste de la ciudad está la mezquita otomana más antigua, **Hacı Özbek Camii,** que data de 1333, y la *madrasa,* Solimán Paşa, que se sigue utilizando como escuela coránica. En el parque también se levantan varios monumentos, entre ellos Yeşil Cami, con su minarete, y el interesante **Museo Arqueológico,** ubicado en Nilüfer Hatun Imareti (Hostal), del siglo XIV. Cerca hay un lago en el que se puede nadar, pues las playas no resultan nada apetecibles.

- 📧 85 km desde Bursa, 230 km desde Estambul
- 🕐 Basílica Ayasofya. Mar-dom: 9 h-12 h y 13 h-17 h. Museo Arqueológico. 8 h-17 h
- 🚌 Autobús desde Estambul Esenler Otogar (3 horas y media) y Bursa (1 h y 15 min)
- ℹ️ Oficina de Turismo en Belediye Işhani, 1° Kılıçaslan Caddesi 130
- ♿ No

▎KILYOS ✶✶

Kilyos es uno de los núcleos turísticos más famosos del mar Negro; está dominado por un castillo medieval genovés, de uso militar. La ancha franja de playas de arena está muy limpia y en verano ponen sillas y sombrillas. Los fines de semana durante el verano se llenan de gente, porque medio Estambul acude a ellas. Las playas suelen ser de

- 📧 45 km desde Estambul
- 🚐 Minibús a Kilyos desde Sarıyer. Autobús 151 desde Sarıyer
- ♿ Pocos

pago. También alberga clubes de playa, ambientes de ocio estival y deportes náuticos como el kitesurf o el windsurf, especialmente en las zonas más abiertas

I SARIYER ✱✱

Sarıyer es el pueblo más grande de la costa europea del alto Bósforo y el puerto pesquero más importante del estrecho. El pueblo es bonito y tiene varias mansiones de madera en la costa, pero su mayor atractivo radica en su puerto pesquero y en la lonja, especialmente animada cuando regresan los barcos. Merece la pena probar los restaurantes de pescado, sobre todo en verano, porque todo el muelle se convierte en una gran terraza al aire libre.

Las mujeres solteras visitan la tumba de Tellibaba, cerca de Sarıyer, porque creen que si cortan un hilo de plata sobre la tumba del santo encontrarán marido.

- A 18 km del centro de Estambul, en la costa europea del Bósforo
- Autobús 25T, 40 desde Taksim; 25E desde Eminönü
- Ferris desde Kabataş
- Sadberk Hanım Müzesi

◀ El puerto de Sariyer

ŞILE   **

Şile es el típico sitio de playa más cercano a Estambul, lo que provoca que los fines de semana las playas estén imposibles. El resto de los días sí se ve la arena blanca y la bahía resulta atractiva, con su faro blanco y negro y las ruinas de un castillo genovés del siglo XIV en una isla muy cercana. Al lado está el pueblo pesquero de Ağva, tranquilo y bucólicamente ubicado entre dos ríos. Con frecuencia los barcos van hasta Karabatak, que es una playa semidesierta.

● ● ● ● ● ● ● ●

🖼 A 70 km de Üsküdar, en el mar Negro
🚌 Autobús desde la estación occidental de Üsküdar
♿ No

ULUDAĞ (GRAN MONTAÑA)   **

A 2.543 m de altitud, el monte Uludağ es el mejor sitio para esquiar, emplazado en medio de un parque nacional. Los esquiadores experimentados prefieren esquiar fuera del parque, cerca de Sirk, un lugar menos frecuentado, más bonito y con lagos en la cima. La primavera es la mejor época para visitarlo, con casi todas las plantas en flor. La temporada de esquí dura de diciembre a marzo.

● ● ● ● ● ● ● ●

🖼 A 257 km de Estambul; a 24 km de Bursa
🚌 Dolmuş a *Teleferik* desde Atatürk Caddesi, Bursa; luego teleférico a Sarıalan

Dónde...

Comer y beber

RESTAURANTES OTOMANOS

Sultanhamet y Cuerno de Oro

Sarnıç (C)

Restaurante con estilo y buen ambiente, instalado en una cisterna bizantina. La comida se sirve a la luz de las velas y con música de guitarra. Para una cita especial.

- ✉ Soğukçeşme Sokağı, Sultanahmet
- ☎ 912 41 14
- ⏱ Comida, cena
- 🌐 www.sarnicrestaurant.com

Rami (M-C)

Elegante comedor de estilo otomano decorado con cuadros impresionistas de Rami Uluer. La carta incluye platos tradicionales turcos y tiene vistas a Sultanahmet. No acepta tarjetas de crédito.

- ✉ Utangaç Sokak 6, Çankurtaran, Sultanahmet
- ☎ 783 51 33
- ⏱ 14 h-24 h
- 🌐 www.ramirestaurant.com

Ortaklar Kebap Lahmacun (M-C)

Uno de los mejores restaurantes de la zona. Ofrece deliciosa comida turca a buen precio. También sirve pizzas y el servicio es excelente.

- ✉ Peykhane Caddesi 27, Fatih
- ☎ 517 61 99
- ⏱ Comida, cena

Develi (M)

Muy famoso entre los turcos por sus especialidades de Anatolia; entre otras, el delicioso *kebab* de berenjenas y pistacho y el famoso *künefe*, de postre. Buena relación calidad/precio.

- ✉ Balıkpazarı, Gümüşyüzük Sokak 7, Samatya
- ☎ 529 08 33
- ⏱ 12 h-24 h
- 🚇 Mustafa Paşa
- 🌐 www.develikebap.com

Hamdi Et Lokantasi (M)

Dominando el Cuerno de Oro desde su fantástica terraza se pueden degustar excelentes *kebabs* de carne, como el *testi kebab* (preparado en un gran puchero de barro) o el *fıstık kebab (kebab* con pistachos). Recomendable reservar en terraza. Las vistas son estupendas.

- ✉ Tahmis Caddesi Kalçın Sokak 17, Eminönü
- ☎ 528 03 90
- ⏱ 11.30 h-23.30 h
- 🌐 www.hamdi.com.tr

Kumkapı (M)

Similar al famoso Pasaje del Pescado en Beyoğlu, esta calle está repleta de animadísimos restaurantes que ofrecen *meze* y pescado. Especialmente animado en verano cuando las mesas salen a la calle y los músicos pugnan por ver quién toca mejor y más alto. Entre los más recomendables están Kumkapı Fener Fish (Telli Odalar Sokak 5, telf. 516 40 02) y Olimpyat 2 (Samsa Sokak, telf. 249 06 25).

- ✉ Kumkapı Sokak
- ⏱ 12 h-2 h

Pandeli (M)

Clásico histórico, sirve cocina turca en un ambiente pintoresco junto al Gran Bazar.

- ✉ Rüstempaşa Mah. Balık Pazarı kapısı Sokağı Mısırçarşı Içi 1, D:2
- ☎ 527 39 09
- 🌐 www.pandeli.com.tr

Seven Hills (M)

Sirven platos a base de carnes, pescados y mariscos. Está situado en una azotea con vistas al Santa Sofía.

- ✉ Cankurtaran, Tevkifhane Sk. 8 Kat: 3
- ☎ 522 37 93
- 🌐 www. sevenhillsrestaurant.com

Sultanahmet Buhara Kebab house (M)

Uno de los mejores restaurantes de la zona para comer *kebab* y *meze* (entrantes) fríos y calientes.

- ✉ Nuruosmaniye caddesi 7/A Cağaloğlu
- ☎ 513 74 24

Yakut Restaurant (M)
Restaurante de cocina tradicional. Cabe destacar sus *manti* (raviolis turcos).
✉ Küçük Ayasofya, Kadırga Limanı Cd. 168
☎ 817 65 32

Kuçuk Ev-
La casita (E-M)
Pequeño restaurante con buena comida a precios asequibles y una terraza con vistas a la Mezquita Azul.
✉ Incili çavuş Sokak 3, Sultanahmet
☎ 511 33 43

Saray (E-M)
Este elegante pero popular restaurante lleva ofreciendo desde 1935 los mejores dulces de la ciudad, desde *baklavas* a tartas y helados. Su excelente carta también incluye sopas, *kebabs* y ensaladas. Tiene más sucursales, una de ellas en Beyoğlu (Istiklâl Caddesi 107, telf. 292 34 34).
✉ Harbiye 19 B, Şişli
☎ 999 28 88
🕐 10 h-24 h
📞 www. saraymuhallebicisi.com

Akdeniz Hatay
Sofrası (M)
Comida tradicional turca donde probar *meze* y *kanafeh*.
✉ Iskenderpaşa, Ahmediye Cd. 44
☎ 444 72 47
📞 www.akdenizhataysofrasi.com.tr

Aynen Dürüm (E)
Perfecto para una comida rápida si se está de visita en el Gran Bazar. Este pequeño puesto de *kebab* situado en una de las calles de acceso al bazar, sirve unos deliciosos *dürüm* (enrollados) de pollo o cordero. No hay mucho espacio y suele estar lleno pero vale la pena.

Pescado

En las cartas de casi todos los restaurantes no abunda el pescado. Si se tiene mucho interés en tomar un buen plato de pescado, se puede ir a algún restaurante de la costa. Las zonas más famosas son Kumkapı, que da al mar de Mármara, o Adalar, en las Islas Príncipe. En la zona peatonal del antiguo muelle bizantino también hay varios con el producto a la vista. Los mejores, sin duda, son los restaurantes de pescado del Bósforo.

✉ Muhafazacilar Sokak 23, Kapalıçarşı
☎ 527 47 28

Ramiz Kofte (E)
Cadena cuya especialidad es el *köfte*. Tiene muchas sucursales por la ciudad.
✉ Cağaloğlu Bab-ı Ali Caddesi, Himaye-i Ekfal Sokak 17
☎ 888 19 28
📞 www.kofteciramiz.com/ restoranlar

Beyoğlu
y alrededores

Borsa (C)
Situado en el Palacio de Convenciones, es uno de los mejores restaurantes. Gran variedad de platos tradicionales de Anatolia difíciles de encontrar.
✉ Lutfi Kirdar Kongre Merkezi, Darulbedai Caddesi 6, Harbiye (cerca del Hilton)
☎ 460 03 04
🕐 Comida, cena
📞 www.borsarestaurants.com/

Karaköy Lokantası (C)
Excelente variedad de *meze* (como la ensalada de

pulpo) y pescados. Decoración con azulejos de color turquesa. Se recomienda reservar.
✉ Kemankeş Caddesi, 37A, Karaköy
☎ 292 44 55
📞 www.karakoylokantasi.com

Neolokal (C)
Restaurante situado en Salt Galata con fantásticas vistas a las mezquitas. Tiene una estrella Michelin y una estrella verde por gastronomía sostenible.
✉ SALT Galata Bankalar Avenue
☎ 244 00 16
📞 www.neolokal.com/en

Doğa Balik (M-C)
Frecuentado por intelectuales y artistas locales, ofrece los que seguramente sean los mejores *meze* de la ciudad (en servicio bufé) y deliciosos pescados y mariscos frescos. Sensacionales vistas de la ciudad antigua.
✉ Siraselviler Caddesi Mavi plaza 84, Kat 6
☎ 204 22 32
📞 www.beylerbeyidoga.com/tr/

Antiochia (M)
Pequeño restaurante que sirve deliciosa comida de Antakya. El mejor *humus* de la ciudad. Postres de estilo regional: por ejemplo berenjenas en almíbar con helado.
- ✉ Minare Sokak 21, Tünel-Beyoğlu
- ☎ 177 16 16
- 🖥 www. antiochiaconcept.com

Cumhuriyet Meyhanesi (E-M)
Presumen de ser uno de los restaurantes favoritos del mismísimo Atatürk. No sabemos si por sus fantásticos *meze,* su pescado fresco, su *rakı* o su animado ambiente. Música *fasıl* todas las noches.
- ✉ Balık Pazarı Sahne Sokak 47, Beyoğlu
- ☎ 252 08 86
- ⏱ 11 h-2 h
- 🖥 www.tarihicumhuriyet meyhanesi.com.tr

Güney Restaurant (E-M)
Una de las mejores y más populares *lokantas* de la ciudad. Comida preparada a la vista, *kebabs* hechos con fuego de leña y deliciosos postres.
- ✉ Kuledibi Şah Kapisi 6, Tünel-Beyoğlu
- ☎ 249 0393
- ⏱ 8 h-24 h
- 🖥 https://guneyrestaurant. com/

Hayvore (E-M)
Lokanta con un bufé de especialidades del mar Negro y pizzas turcas *(pide).* Es recomendable ir a la hora de comer cuando hay más variedad para escoger. Servicio amable.
- ✉ Turnacıbaşı Sokak 4, Beyoğlu
- ☎ 245 75 01
- 🖥 www.hayvore.com.tr

Tavan Arası (E-M)
Restaurante algo difícil de encontrar al que se accede desde un portal en ascensor. Subes a la última planta y entras directamente a él. Suele estar lleno a rebosar, pero la comida y el ambiente acogedor hacen que merezca la pena. Destacan sus platos de *güveç* (cazuelas) de carne o vegetariano.
- ✉ Asmali mescit, Emir Han apt 10, 6 plª
- ☎ 244 28 82
- ⏱ 11 h-22.30 h

Ficcin (E)
El restaurante Ficcin ocupa tres locales ubicados en la misma calle. Todos ellos ofrecen el mismo menú con platos tradicionales turcos y especialidades circasianas, como los *çerkez mantısı* a precios asequibles.
- ✉ Kallavi Sokak 13/1-7/1, Beyoğlu
- ☎ 293 37 86/ 245 48 58
- ⏱ Cierra domingo
- 🖥 www.ficcin.com

Babel Café Restaurant (E)
Uno de los restaurantes económicos mejor valorados de toda la ciudad. Cuenta con opciones vegetarianas, veganas, y algunas sin gluten. El ambiente es muy cálido.
- ✉ Kuloglu Mh., Turnacıbaşı Caddesi 56
- ☎ 812 17 89

Lades Menemen (E)
Famoso por su desayuno con *menemen* (huevos revueltos con tomate y pimiento), a precios muy económicos.
- ✉ Mahallesi, Katip Mustafa Çelebi, Sadri Alışik Sk. 11/12 11/12 11 D:12
- ☎ 249 52 08

Nizam Pide Salonu (E)
Famoso por sus *pides* (pizzas turcas). Al mediodía también hay platos preparados como sopas y estofados.
- ✉ Büyükparmakkapı Sokak 13
- ☎ 249 79 18
- 🖥 www.nizampide.com

Otras zonas

Beyti (C)
Prestigioso restaurante especializado en carnes. Es enorme pero la calidad y servicio son insuperables.
- ✉ Florya, Orman Sokak 8
- ☎ 663 29 90
- ⏱ 11.30 h-22.30 h.

🚈 Banliyö, tren desde Sirkeci
🌐 www.beyti.com/en

Seraf Vadi (C)
Cocina anatólica reinventada en un entorno luminoso, con amplia carta de vinos turcos y enfocado en ingredientes locales de calidad.
✉ Ayazağa, Kemerburgaz Cd. 7G Iç Kapı 7
☎ 286 46 46
🌐 www.seraf.com.tr

Huzur (Arab'in Yeri) (M)
Local famoso por su pescado, con vistas espectaculares sobre la parte europea. El lugar es relativamente económico lo que le hace una buena opción.
✉ Salacak Iskelesi 18, Üsküdar
☎ 293 71 29
🕐 Comida, cena

Restaurantes en la calle

El antiguo mercado de las flores, el Çiçek Pasaji, y el Balık Pazarı (mercado del pescado que sale de Istiklâl Caddesi), están rodeados de pequeños y auténticos lugares para degustar *meze* y pescado. Aunque ya hace tiempo que los turistas frecuentan estos lugares, siguen siendo muy del gusto de los habitantes de Estambul, que acuden allí a tomar unas cervezas o unos *rakıs* mientras oyen tocar a los gitanos el acordeón o el violín. Fuera del mercado se sitúa Nevizade Sokak, calle con menos turistas y restaurantes con terrazas en verano y animación hasta altas horas de la noche.

Koşebasi (M)
Fundado en el año 1995, se ha ganado rápidamente la reputación de ser uno de los locales donde sirven las mejores *ocakbaşı* (carnes a la parrilla) del país. Elegante y lujoso, se ha especializado en comida del sudeste de Anatolia.
✉ Çamlık Sokak 15, 3, Levent
☎ 270 24 33
🌐 www.kosebasi.com

Ali Baba Iskender Kebapcisi (E-M)
En ningún otro restaurante se preparan el famoso *Iskender Kebabı* como aquí. Sencillo, limpio y excelente servicio.
✉ Ihalmurdere Caddesi, Sinanpaşa Yeni Hamam Sok. 13/3, Beşiktaş
☎ 227 7728
🕐 10 h-23 h
🌐 www.alibabaiskender.com

Çiya Sofrasi (E-M)
Siempre lleno. Las especialidades del sudeste de Anatolia son lo más recomendable. Destacan sus *kebabs* y los postres.
✉ Güneşlibahçe Sokak 43, Kadıköy
☎ 418 51 15
🌐 www.ciya.com.tr

Kadi Nimet Balıkçılık (E-M)
Restaurante de pescado en el mercado de Kadiköy. Famoso entre los turcos. Ofrece una buena variedad de pescado y *meze* a precios económicos.
✉ Tarihi Balıkçılar Çarşısı (mercado pescado) Seraskar Caddesi 10A, Kadiköy
☎ 348 73 89
🌐 www.kadinimet.com

Sefa Restaurant (E)
Restaurante tipo bufé con muy buena relación calidad/precio, con opciones vegetarianas.

Sopa de menudillos

Después de disfrutar de una noche de diversión, muchos jóvenes suelen tomar un plato de *işkembe çorbası* antes de acostarse.

Aunque se dice que es un buen remedio para la resaca, se puede tomar a cualquier hora del día. Los establecimientos que venden *işkembe* están abiertos las 24 horas.

Tarihi Cumhuriyet Iskembe Salonu
✉ 29 Ekim Ivkembe Salonu
☎ 212 292 70

✉ Alemdar, Nuru Osmaniye Cd. 15
☎ 520 06 70

Kanaat Lokantasi (E)
Desde 1933, este famoso restaurante sirve 150 platos tradicionales turcos, muy bien preparados. Estupendo para el mediodía. No sirven bebidas alcohólicas.
✉ Selmanipak Caddesi 9, cerca del muelle del ferri de Üsküdar
☎ 553 37 91
🕐 6 h-23 h

COCINA INTERNACIONAL
Centro

Topaz (C)
Restaurante con preciosas vistas al Bósforo. Cocina mediterránea con una buena carta de vinos. La atención del personal es excelente.
✉ Omer Avni Mahallesi, Inonu Caddesi, 50
☎ 329 41 11
🌐 www.topazistanbul.com

Çok Çok (M-C)
Cocina tailandesa deliciosa, decoración exquisita y ambiente exótico. Los ingredientes son importados de Tailandia y el chef es tailandés.
- ✉ Meşrutiyet Caddesi 51A, Beyoğlu
- ☎ 452 18 08
- 🖥 www.cokcokthai.com

Divan Brasserie Bebek (M-C)
Restaurante que combina una vista increíble con cocina turca e internacional, vinos selectos, ricos cócteles y un ambiente acogedor. Ideal para desayunos o para media tarde.
- ✉ Bebek, Cevdet Paşa Cd. 28A
- ☎ 263 29 73
- 🖥 www.divan.com

Fuego Restaurante (M)
Aunque abrió sus puertas en 2012 este restaurante se ha ganado una excelente reputación por su cocina de calidad, mejor servicio y precios moderados.
- ✉ Incili Çavus Sokak 15A
- ☎ 076 20 86

Tadim Restaurant (M)
Muchos locales acuden a diario a comer a este pequeño restaurante, señal de que la relación calidad precio es buena. Es barato, sirven rápido y la cocina es casera, qué más se puede pedir...
- ✉ Siraselviler Caddesi, Meseli Sokak 26, D1
- ☎ 426 10 25

Zubeyir Ocakbasi (M)
Restaurante especializado en parrilladas de carne. También prepara excelentes *kebab*. La decoración no es elegante pero el restaurante es muy amplio.
- ✉ Istiklâl Caddesi, Bekar, Sokak 28
- ☎ 293 39 51
- 🖥 www.zubeyirocakbasi.com

Çin Büfe (E-M)
Restaurante chino, con decoración moderna y minimalista.
- ✉ Turnacıbaşı sokak, 12, Kuloğlu Mh., Beyoğlu
- ☎ 251 87 02
- 🕐 11.30 h-23.30 h
- 🖥 www.cinbufe.com

Pizzería Capra (E-M)
Situado en el corazón del tranquilo barrio de Çekmeköy, ofrece una gran variedad de pizzas, para algunos las mejores de la ciudad. El servicio es rápido.
- ✉ Erenier Caddesi 1, A2, Merkez Mah.
- ☎ 642 27 72
- 🖥 www.pizzeriacapra.com

Pizzería Pidos (E-M)
Sencillo y agradable restaurante que ofrece excelentes pizzas con ingredientes tan interesantes como *humus* o berenjenas.
- ✉ Dünya Sağlık Sokak 13, Ayazpaşa, Taksim
- ☎ 249 40 40
- 🕐 12 h-23 h
- 🖥 www.pizzeriapidos.com

Galaktion (E)
Restaurante especializado en comida georgiana, con vistas al barrio de Gálata.
- ✉ Asmalı Mescit, Şehbender Sk.
- ☎ 684 76 34
- 🖥 www.cafegalaktion.com

ALREDEDORES
Boğaziçi (Bósforo)/ Europa

Iskele (C)
Al borde del Bósforo, en el antiguo embarcadero de pueblo, este cuidado y elegante restaurante sirve unos de los mejores mariscos y pescados de la ciudad. Se recomienda reservar durante los fines de semana.
- ✉ Yahya Kemal Caddesi 1, Rumelihisarı, Sarıyer
- ☎ 263 29 97
- 🕐 12 h-24 h

Kıyı (M-C)
Restaurante de pescado con excelente servicio y deliciosa materia prima. Las paredes están adornadas con obras origina-

Comida a todas horas
Pocos países gozan de una oferta gastronómica mayor que la turca y se puede comer a casi cualquier hora del día. A pesar de que los horarios de desayuno (8 h-9 h), comida (12 h-13 h) y cena (20 h-21 h) están bastante arraigados, los restaurantes y sus cocinas suelen funcionar todo el día. En las *lokantas*, casas de comida, la comida está lista y a la vista del público: no hay más que señalar lo que se quiere. En los restaurantes se pide a la carta si bien normalmente suelen tener los *meze* (aperitivos) ya preparados. Múltiples puestos de comida callejeros permiten comprar el desayuno *(pogaças,* bollitos de hojaldre) o tentempiés *(simit,* roscas de pan con sésamo). Hay numerosas pastelerías y cafeterías para tomar un dulce entre horas. Y por supuesto, hasta bien tarde se puede tomar un *döner kebab* que tanta fama tiene, por ejemplo, en Bambi, el mejor de todos *kebabciler* de los que hay en la plaza de Taksim.

les de artistas turcos. El restaurante apuesta por pescados frescos del día y una preparación que pone en valor la materia prima. Buena relación calidad/precio.

✉ Kefeliköy Caddesi 126, Tarabya
☎ 262 00 02
🕐 12 h-24 h
🖥 www.kiyi.com.tr

(Bósforo)/Asia

Lacivert (C)
En una sofisticada mansión en el Bósforo este restaurante de cocina mediterránea destaca por su elegancia, calidad y diseño. Los *brunch* de los domingos son memorables de 11 h a 14 h. Servicio de barco especial gratuito para clientes desde Rumeli Hisarı.

✉ Körfez Caddesi 57A, Anadolu Hisarı
☎ 413 42 24
🕐 12 h-1 h
🖥 www.lacivertrestaurant.com

Paysage (C)
Restaurante de referencia en los ambientes adinerados y sofisticados de Estambul. Buenas especialidades en pescado y vistas al Bósforo. Elegante pero relajado; ideal para cenas.

✉ Hekimler Sitesi, Kanlıca, Ctra. a Hidiv Kasrı
☎ 502 85 85
🕐 12 h-2 h
🖥 www.paysagerestaurant.com

Filizler Köftecisi Üsküdar (M-C)
Excelente comida con vistas al Bósforo y a la Torre de la Princesa. Son rápidos y el trato es excelente. Lo malo es que la terraza superior en ocasiones está masificada. El lugar es perfecto para la puesta de sol.

✉ Harem Sahil Yolu 61, Üsküdar
☎ 342 00 00
🖥 www.filizler.com

Inciraltı Meyhanesi (M-C)
Entrar en esta taberna turca es como viajar al pasado. Su localización en el tranquilo barrio de Beylerbeyi, a orillas del Bósforo y lejos del bullicio de la metrópolis hace que la comida en sí, a pesar de ser buena, quede relegada a un segundo plano.

✉ Arabacılar Sokak 4, Beylerbeyi
☎ (0216) 557 66 86
🖥 www.inciralti.com.tr

Körfez (M-C)
Uno de los mejores y más exclusivos restaurantes de la ciudad. Su especialidad es la lubina a la sal. Es pequeño, no tiene demasiadas mesas, pero lo compensa con el impresionante trato que ofrece. Barco privado para clientes desde la orilla europea en Rumeli Hisarı. Imprescindible reservar. Buenos vinos.

✉ Körfez Caddesi 78, Kanlıca (costa asiática del Bósforo)
☎ (0216) 413 43 14
🕐 12 h-24 h. Cierra lun

Adalar (Islas Príncipe)

Mavi Restaurant (M)
Gran surtido de *meze* y marisco de calidad.

✉ Nizam, Büyük Tur Yolu 24
☎ 382 60 75

Kofte & Piyaz (E-M)
El lugar no es demasiado espacioso pero merece la pena probar su deliciosa

Iskender Kebab de Bursa

El döner kebab es famoso en todo el mundo. En Bursa, se llama *Iskender kebab*. Data de 1867, cuando un tal señor Iskender, de Bursa, asó por primera vez carne de cordero en un pincho vertical. La carne de cordero cruda se corta en lonchas muy finas y se ensarta en un pincho que gira constantemente delante de un grill. Generalmente se sirve como plato principal, acompañado de pan y mantequilla, salsa de tomate y yogur.

La comida turca

Si uno come a la turca, no se queda con hambre. Tradicionalmente la comida comienza con un surtido de *soğuk meze,* aperitivos fríos, seguidos de *sıcak meze,* aperitivos calientes. El plato principal es sencillo: carne a la plancha, *kebab* o pescado, servido con ensalada y pan. Los postres *(tatlı)* suelen ser tartas servidas con nata y nueces o pudín de arroz o fruta, en conserva o fresca *(meyve).* La comida termina con un café turco *(kahve)* o té.

Aşure o "budín de Noé"

Hoy en día hay *aşure (budín de Noé)* en los restaurantes casi todo el año, pero antes era un plato que se preparaba solo para romper el ayuno del Ramadán. Teóricamente está hecho con 40 ingredientes, porque según la leyenda, Noé, después de navegar los 40 días, recogió todo lo que le quedaba en el arca, que eran 40 ingredientes, y mezclándolos, hizo un budín. Ya se venden en paquetes precocinados, pero el número de ingredientes ha disminuido drásticamente.

comida local. Las albóndigas y la sopa las preparan genial y sus precios son bastante ajustados.
- ✉ Sehit Recep Koç Cad. 4B
- ☎ 382 71 84

Bursa

Çiçek Izgara (M)
Restaurante especializado en *köfte* (albóndigas) frecuentado por hombres de negocios y familias. Excelente calidad, limpieza y servicio.
- ✉ Belediye Caddesi 15
- ☎ (0224) 221 12 88
- ⏰ 11 h-16 h y 17 h-21.30 h
- 🌐 www.cicekizgaracarsi.com

Iskender (M)
El creador de la mágica receta del *Iskender Kebabı* (carne sobre pan, mantequilla, salsa de tomate y mantequilla con yogur) aún es el que mejor lo prepara, aunque también es el que más cobra.
- ✉ Ünlü Caddesi 7
- ☎ (0224) 221 46 15
- ⏰ 11 h-21 h

Vira Balik (E-M)
Interesante local en una zona peatonal plagada de restaurantes de pescado y puestos de comida donde venden *midye* (mejillones rellenos de arroz).
- ✉ Kuruçeşme Mah., Sakarya Caddesi 37 (conocida como Arap Şukru Sokaği)
- ☎ 999 60 50
- ⏰ 12 h-24 h
- 🌐 www.arapsukruvira.com

Edirne

Aydin Tava (E)
Uno de los mejores sitios para probar la especialidad de Edirne: el *ciğ kofte* (pastel de carne cruda).
- ✉ Tahmis Çarşısı 12, Merkez
- ☎ (0284) 214 10 46
- 🌐 www.aydintavaciger.com

Park Koftecisi-Osman Usta (E)
El prestigio acumulado desde 1972 de este restaurante le viene por su excelente *Köfte* (albóndigas a la parrilla). El trato

del personal es estupendo y el local estupendo.
- ✉ Yediyolgazı 16, Kıyık Caddesi, Yediyol Ağzı 14
- ☎ (0284) 212 77 25

PASTELERÍAS

Baylan Pastanesi
Es una de las pastelerías más antiguas de la ciudad. Su jardín trasero es un remanso de paz donde pasar unas horas deleitándose con alguno de sus pasteles o su famosa *Kup Griye* (helado de vainilla, crema de caramelo, pistachos y almendras trituradas y crema chantilly).
- ✉ Muvakkithane Caddesi 9, Kadıköy
- ☎ (216) 346 63 50
- 🌐 www.baylangida.com

Inci Pastanesi (E)
Esta pastelería es famosa por los profiteroles servidos con chocolate caliente.
- ✉ Mis Sokak 18A, Beyoğlu
- ☎ 243 24 12

Koska (E)
Pastelería con exquisitos pasteles y delicias turcas, muy famoso entre los estudiantes de la Universidad de Beyazıt, al otro lado de la calle.
- ✉ Yeniçeriler Caddesi 57, Beyazit (otra en Istiklâl Cad.122A)
- ⏰ Todo el día

Mado Dondurmacı (E)
Es la heladería más famosa del país por sus helados estilo "Karamanmaraş" que por su elasticidad se comen más fácil con cuchillo y tenedor que con cuchara. Entre múltiples otras, tiene una sucursal también en Fevzi Paşa Caddesi 56, Fatih (telf. 532 17 38).
- ✉ Istiklâl Caddesi 121, Beyoğlu
- ☎ 245 46 21
- ⏰ 10 h-23 h
- 🌐 www.mado.com.tr

CAFÉS

Ara café
Es un animado y acogedor café propiedad del famoso fotógrafo turco Ara Güler. Sus paredes están decoradas con fotografías en blanco y negro de la antigua Estambul. También ofrece un amplio menú con sabrosos platos turcos e internacionales.
- ✉ Tomtom Mh., Tosbağa Sokak 8, Beyoğlu
- ☎ 245 41 04/5
- ⏱ 9 h-24 h

Erenler Çay Bahçesi
Cerca del Gran Bazar, es un agradable lugar para fumar narguile entre vendedores y tiendas de alfombras.
- ✉ Çorlulu Ali Paşa Medresi, Yeniçeriler Caddesi 36/28, Beyazit
- ☎ 528 37 85
- ⏱ 7 h-23.30 h

Fes Café
Excelente café. Tartas caseras. Recomendable.
- ✉ Halıcılar Caddesi 62, Kapalıçarşı
- ☎ 526 30 70
- ⏱ Lun-sáb: 9.30 h-19 h

Kafka Kafe
Acogedor café de dos plantas. Frecuentado por jóvenes y estudiantes. Ensaladas, pastas, carnes, etc. a precios económicos. ideal para tomar algo, charla, disfrutar de música tipo jazz y blues.
- ✉ Yeniçarşı Caddesi 26/1, Galatasaray
- ☎ 245 75 34

Kahvedan
Este lugar, descrito por algunos como el cielo de los expatriados, es propiedad de la canadiense Shellie Corman, y probablemente el bar más de moda en Cihangir.
- ✉ Akarsu Caddesi 38, Cihangir-Beyoğlu
- ☎ 292 40 30
- ⏱ 9 h-2 h
- 🌐 www.kahvedan.com

Keyf-i Mekan café
Esta bonita cafetería sirve también comidas y es un lugar muy acogedor, perfecto para reposar del bullicio del bazar.
- ✉ Tigcilar Sokak 48 (detrás del Gran Bazar). Mercan Kapısı
- ☎ 471 72 55
- ⏱ 10 h-19 h. Cerrado dom

MAVRA Design Café
¿Es una tienda de juguetes, una galería de arte o un restaurante? Probablemente todos y sin embargo ninguno de ellos. Este original y ecléctico café es obra de la ceramista Yonca Akçay, dueña del local. Una buena opción para tomar un café o un chocolate caliente, mientras se trabaja con un portátil.

- ✉ Serdar-ı Ekrem Caddesi 31A, Kuledibi-Beyoğlu
- ☎ 252 74 88
- ⏱ 8 h-24 h (hasta las 2 h los fines de semana)

Piyer Loti Café
Local con historia, pues era el favorito del escritor francés Pierre Loti. Con magníficas vistas del Cuerno de Oro y mesas en el jardín.
- ✉ A 15 minutos andando desde Eyüp Camii
- ☎ 497 16 16
- ⏱ Diario: 10 h-22 h
- 🌐 www.pierrelotitepesi.com

Susam café
Situado en Cihangir, el barrio bohemio de moda. Su menú incluye cafés, tés variados, zumos de fruta naturales, pasteles y otros dulces. Es un buen lugar donde tomar un cóctel.
- ✉ Susam Sokak 11, Cihangir-Beyoğlu
- ☎ 251 59 95

Urban Café
Coqueto establecimiento decorado con buen gusto y situado en una tranquila calle. Suele estar con el aforo lleno de gente joven e intelectuales charlando mientras disfrutan de un café.
- ✉ Kuloğlu Mh., Kartal Sokak 6A, Beyoğlu
- ☎ 252 13 25

▌Alojarse

Sultanahmet

Armada (C)
Situado cerca de los monumentos más importantes, este hotel moderno tiene habitaciones elegantes decoradas al estilo tradicional. Utiliza productos ecológicos y cuenta con un agradable restaurante.
- ✉ Ahırkapı Sokak 24, Ahırkapı
- ☎ 455 44 55
- 🖰 www.armadahotel.com.tr

Régie Ottoman Istambul (C)
Ocupa un edificio otomano reformado con 150 años de antigüedad, situado en el centro histórico. Alberga un restaurante elegante con mosaicos originales y ofrece alojamiento que combina modernas instalaciones en un ambiente decorado con estilo *underground*.
- ✉ Hobyar Mah., Mimar Vedat Sokak 5
- ☎ 520 60 20
- 🖰 http://regieottoman.com

Ayasofya Pansiyonları (M)
Es una hilera de casas antiguas, entre Aya Sofya y los muros del Topkapı Sarayı, reformadas por el Turkish Touring and Automobile Association. Las 57 habitaciones son acogedoras.
- ✉ Soğukçeşme Sokağı, detrás de Aya Sofya, Sultanahmet
- ☎ 513 36 60
- 🚊 Tranvía a Gülhane

Beyaz Saray (M)
Hotel de 4 estrellas de la cadena Barceló, situado a tan solo 200 m del Bazar Cubierto. Amplias habitaciones.
- ✉ Yeniceriler Caddesi 85, Beyazit
- ☎ 458 98 00
- 🖰 www.hotelbeyazsaray. com

Darussaade (M)
Emplazado en una bonita mansión de madera restaurada del siglo XIX.
- ✉ Akbıyık Caddesi 96, Sultanahmet
- ☎ 518 36 36
- 🖰 www.darussaade.com

Empress Zoe (M)
Pequeño hotel con 19 habitaciones decoradas con muebles de la región y suelo de madera. Los desayunos se sirven en una terraza con vistas a la Mezquita Azul y el mar de Mármara.
- ✉ Akbıyık Caddesi, Adliye Sokak 4/1, Sultanahmet
- ☎ 518 25 04
- 🖰 http://emzoe.com

Hotel Amira Istanbul (M)
Su excelente ubicación y las vistas desde su terraza son la gran baza de este hotel. Habitaciones algo pequeñas.
- ✉ Kucuk Ayasofya Mah., Mustafapasa Sokak 43, Sultanahmet
- ☎ 516 16 40
- 🖰 www.hotelamira.com

Hotel GedikPasa Konagi (M)
Alternativa económica con estilo, en una zona accesible del casco antiguo.
- ✉ Mimar Hayrettin, Gedik Paşa Cd. 70
- ☎ 638 08 09
- 🖰 www.gedikpasakonagi. com

Hotel Sapphire (M)
Excelente relación calidad precio. Habitaciones limpias y cómodas. Dispone de piscina climatizada y sauna gratuita; baño turco y servicios de masaje.
- ✉ Ibnikemal Caddesi 14, Sirkeci
- ☎ 520 56 86
- 🖰 www.hotelsapphire.com

Poem (M)
En las puertas de las habitaciones de este hotelito hay poemas en vez de números. Unas dan al mar y otras al patio arbolado. Servicio amable y excelentes desayunos.
- ✉ Akbıyık Caddesi, Terbıyık Sokak 12
- ☎ 516 76 36
- 🖰 www.hotelpoem.com.tr

Romance Hotel (M)
Muy bien situado. Buena relación calidad-precio. Personal amable y atento. Habitaciones limpias, cómodas aunque un poco pequeñas.
- ✉ Hudavendigar Caddesi 7, Eminönü

Dónde alojarse

La mayoría de los lugares de interés para visitar en Estambul están en la zona de Sultanahmet, pero los mejores hoteles, hasta hace poco, se situaban en la zona de Galata/Taksim. El denso tráfico de estos barrios y la reciente apertura de hoteles en Sultanahmet hacen recomendable alojarse cerca de Aya Sofya. No obstante, si uno quiere alejarse de todo, lo mejor es elegir algún hotel del Bósforo (Boğaziçi) o de Adalar (islas Príncipe).

Precios
Por habitación doble, impuestos incluidos:

E = hasta 60 €
M = 60-150 €
C = más de 150 €

☎ 512 86 76
🏠 https://romanceistanbulhotel.com/

Ibrahim Paşa (M)
Ocupa una casa antigua medio escondida en un rincón del hipódromo. Las 19 habitaciones son pequeñas pero modernas y estilosas con baño incorporado y están decoradas con fotografías antiguas. Las vistas del mar de Mármara y Sultanahmet son especialmente bonitas, sobre todo a la puesta de sol.
✉ Terzihane Sokak 5, Sultanahmet
☎ 518 03 95
🏠 www.ibrahimpasha.com

Kybele (M)
Cómodo y encantador, en pleno Sultanahmet. Tiene 16 habitaciones bonitas y zonas comunes con luces de colores.
✉ Yerebatan Caddesi 33-35, Sultanahmet
☎ 511 77 66
🏠 www.kybelehotel.com

White House (M)
Céntrico hotel, con bonitas habitaciones amplias e inmaculadas, que junto con su simpático personal lo convierten en una de las mejores opciones. Excelente relación calidad-precio.
✉ Alemdar Mah., Çatalçeşme Sokak 21, Sultanahmet
☎ 526 00 19
🏠 www.istanbulwhitehouse.com

Hali Hotel (E-M)
A mitad de camino entre el Gran Bazar y la basílica de Aya Sofía, este modesto pero moderno hotel está cuidado y limpio. 80 habitaciones bien equipadas.
✉ Klodfarer Caddesi 20, Çemberlitaş
☎ 516 21 70
🚊 Tranvía a Çemberlitaş
🏠 www.halihotel.com

Saruhan (E-M)
Situado en una zona tranquila a 10 minutos andando de las principales atracciones. Ambiente familiar con habitaciones cómodas. NO tiene ascensor.
✉ Küçük Ayasofya Mah., Cinci Meydanı Sokak 34, Sultanahmet-Kadırga
☎ 458 76 08
🏠 www.saruhanhotel.com

Tulip House (E-M)
Algo escondido en una tranquila zona de calles empedradas, este pequeño hotel de ambiente familiar ofrece una buena relación calidad-precio.
✉ Katip Sinan Cami Sokak 28, Kucuk Ayasofya Mah., Sultanahmet
☎ 458 84 03
🏠 www.hoteltuliphouse.com

Antique Hostel (E)
Muy cercano a Santa Sofía. Tiene opciones desde dormitorios hasta habitaciones privadas
✉ Cankurtaran, Kutlugün Sk. No:51
☎ 638 16 37
🏠 www.antiquehostel.com

Cheers Hostel (E)
A un paso de Santa Sofía, además de dormitorios cuenta con habitaciones privadas con baño en varios edificios cercanos al hostal. El ambiente es acogedor, las habitaciones limpias y el bar en la terraza es un lugar para disfrutar de unas vistas magníficas.
✉ Zeynep Sultan Camii Sokak 21, Sultanahmet
☎ 526 02 00
🏠 www.cheershostel.com

Hotel Peninsula (E)
Pequeño hotel con habitaciones confortables situado en una tranquila zona. Buena relación calidad-precio.
✉ Adliye Sokak, 6, Cankurtaran

☎ 458 68 50
🏠 www.hotelpeninsula.com

Hotel Niles Istanbul (E)
Pequeño hotel de gestión familiar situado en el distrito del Gran Bazar.
✉ Dibekli Cami Sk. 13
☎ 517 32 39
🏠 www.hotelniles.com

Orient Hostel (E)
Económico hostal con sencillas habitaciones dobles con baño y dormitorios con baño compartido. Ambiente juvenil e internacional.
✉ Cankurtaran Mh Akbiyik Cd, 9 Sultanahmet
☎ 517 94 93
🏠 https://orient-hostel.hotel-istanbul.net/es

Side Hotel (E)
Sencillo hotel boutique con más de 50 años de historia. El desayuno se sirve en la terraza.
✉ Utangaç Sokak 20, Sultanahmet
☎ 517 22 82
🏠 www.sidehotel.com

Beyoğlu y alrededores

Çırağan Palace Kempinski (C)
Lujoso hotel unido a un magnífico palacio del siglo XIX bien restaurado. Algunas de las 310 habitaciones dan al Yıldız Parkı, pero son más recomendables las que miran al Bósforo. Las más caras son las que están ubicadas en el antiguo palacio. Impresionante piscina.
✉ Çırağan Caddesi 32, Beşiktaş
☎ 326 46 46
🏠 www.kempinski.com

Pera Palas Oteli (C)
Es el más legendario de Estambul, porque desde 1895 acogió a los pasa-

jeros del *Orient Express.*
Sus paredes rezuman
nostalgia.
- Meşrutiyet Caddesi 52,
  Tepebaşı
- 377 40 00
- www.perapalace.com

Ramada Plaza
Istanbul (C)
Lujoso y céntrico hotel
de 5 estrellas con 162
habitaciones impecables
y cómodas, con diseño
moderno pero funcional.
Dispone de piscina y *ha-
mam.* Cerca del barrio
exclusivo de Nişantaşı y
del animado Taksim.
- Halaskargazı Caddesi 63,
  Osmanbey
- 315 44 44
- Osmanbey
- www.wyndhamhotels.com

Tomtom
Suites (C)
Las hermosas Suites
Tomtom están ubicadas
en un edificio histórico
de Estambul en la zona
de Galata y Pera. Todas
las suites disponen de
instalaciones modernas
y cuartos de baño de
lujo pavimentados con
mármol. Los techos altos
y los suelos de madera
hacen que estas amplias
habitaciones sean clási-
cas y elegantes.
- Boğazkesen Caddesi
  Tomtom Kaptan Sokak 18,
  Beyoğlu
- 292 49 49
- https://
  tomtomsuitesistanbul.
  com/

Witt Istanbul
Suites (C)
17 habitaciones de lujo
con impresionantes vis-
tas. Sus habitaciones tipo
loft tienen decoración
retro-moderna, suelo de
parqué, muebles de ma-
dera y cuenta además
con cocina.
- Defterdar Yokusu 26,
  Cihangir

- 293 15 00
- www.wittistanbul.com

Anemon
Galata Hotel (M-C)
En un precioso edificio
tocando la Torre de Gá-
lata. 21 habitaciones y
6 suites, decoradas con
gusto y romanticismo.
Impresionantes vistas
del Cuerno de Oro desde
azotea, donde hay un res-
taurante.
- Bereketzade Mah.,
  Büyükhendek Caddesi 5,
  Kuledibi, Beyoğlu
- 919 09 70
- Karaköy
- www.anemonhotels.com

Urban Suites (M-C)
Las suites del Urban son
amplias y de decoración
contemporánea, la mayoría
de ellas con vistas al Bósforo. Algunas suites cuentan
con un exclusivo baño de
mármol, inspirado en un
hamam tradicional.
- Güneşli Sokak 37, Cihangir,
  Beyoğlu
- 243 08 42
- www.
  urbansuites-istanbul.com

Büyük Londra Oteli (M)
Gran hotel diseñado por
un arquitecto italiano en
1892, al estilo del *Orient
Express,* con elegantes ca-
riátides a la entrada. Es un
poco decadente y necesita
algunas reformas, pero a
los nostálgicos les encan-
tará. Vistas de Estambul y
de Haliç.
- Meşrutiyet Caddesi 53,
  Tepebaşı
- 245 06 70
- www.londrahotel.net

Hotel Taksim Star (M)
Cerca de la plaza Taksim,
las habitaciones que dan
a la calle principal son
ruidosas.
- Siraseviler Caddesi 37,
  Taksim
- 293 80 80
- www.taksimstarhotel.com

Faros Hotel (M)
A un paso de la plaza de
Taksim. Sus 30 habita-
ciones están decoradas
de manera elegante y el
trato con el personal es
agradable.
- Taksim Caddesi 55, Taksim
- 256 00 44
- www.farostaksimhotel.
  com

Galata Antique
Hotel (M)
Antigua mansión francesa
neo-renacentista de 1881
reconvertida en hotel. Situada junto a Tünel, en una
zona tranquila.
- Mesrutiyet Caddesi 119,
  Tünel-Beyoğlu
- 245 59 44
- www.
  galataantiquehotel.com

Ottopera Hotel (M)
Las habitaciones están decoradas con buen gusto y
bien equipadas. El establecimiento ofrece servicios
de lavandería y de alquiler
de coches.
- Feridiye Sokak 95
- 237 62 29
- www.ottopera.com

Entes
Apart Hotel (E)
Es un edificio de pequeños
apartamentos situado cer-
ca de la plaza Taksim. Los
apartamentos disponen de
cocina equipada, baño, aire acondicionado, calefac-
ción, televisión por satélite
y conexión a Internet.
- Istiklâl Caddesi Ipek
  Sokak 19, Beyoğlu
- 293 22 08
- www.entesapart.com

Hotel Residence (E)
Hotel económico y céntri-
co situado en una zona de
gran animación. Habitaciones algo pequeñas.
- Istiklâl Caddesi Sadri Alışık
  Sokak 19, Beyoğlu
- 252 76 85
- www.hotelresidence.
  com.tr

Hotel Devman (E)
Situado en una zona muy animada cerca de Tünel. Las habitaciones son sencillas. Precio económico.
✉ Asmalımescit Sokak 22, Tünel-Beyoğlu
☎ 292 15 22
🖰 www.devmanhotel.com

ALREDEDORES
Adalar (Islas Príncipe)

Ada Sahil Hotel (M)
Habitaciones acogedoras. El hotel dispone de terraza en la azotea con vistas panorámicas al mar.
✉ Kumsal Cad., 28, Büyükada
☎ (216) 382 18 18
🖰 www.buyukadasahilotel.com

Anadolu Kulubu (M)
Un hotel de 5 estrellas con una ubicación privilegiada frente al mar. Dispone de recepción 24 horas, piscina al aire libre y zona de playa privada.
✉ 23 Nisan Caddesi 44, Nizam Mahallesi, Adalar
☎ (216) 382 68 30
🖰 http://anadolukulubu.com/tr

L'Isola Guesthouse (M)
Pequeño y coqueto hostal que cuenta con 4 cómodas habitaciones. Lugar perfecto para desconectar del bullicio de Estambul.
✉ Refah Sehitleri Caddesi Nevicat Sokak 6, Heybeliada
☎ (216) 351 98 04
🖰 www.lisolaguesthouse.com.tr

Boğaziçi (El Bósforo)

A'jia (C)
El encanto de este precioso Yalı otomano está en las vistas y en su ubicación insuperable. Habitaciones con decoración moderna y minimalista. Perfecto para una escapada romántica.
✉ Çubuklu Cad. 27, Kanlica
☎ (216) 413 93 00
🖰 www.ajiahotel.com

Bosphorous Palace Hotel (C)
Ubicado en una grandiosa y clásica *yalı* de la costa asiática del Bósforo, dispone de 14 habitaciones de lujo, con jacuzzi; algunas al Bósforo.
✉ Yalıboyu Caddesi 64, Beylerbeyi
☎ (216) 422 00 03
🖰 www.bosphoruspalace.com

Sumahan (C)
El "Sumahan on the Water" ocupa una antigua destilería de Rakı de la época otomana. Habitaciones espaciosas y modernas. Las vistas del Bósforo son espectaculares.
✉ Küleli Caddesi 51, Çengelköy
☎ (216) 422 80 00
🖰 www.sumahan.com

Bursa

Gönlüferah Hotel (M)
Aunque data de 1890, este hotel conjuga modernidad con cierto encanto añejo.
✉ Çekirge1 Murat Caddesi 22, Bursa
☎ (0224) 233 92 10

Kent (M)
Uno de los hoteles más antiguos y céntricos.
✉ Atatürk Caddesi 69, Bursa
☎ 638 29 85
🖰 www.kenthotel.com

Kitap Evi Hotel (M)
Situado junto a las antiguas murallas de la ciudad este hotel es un buen ejemplo de arquitectura otomana. Sus 12 habitaciones han sido decoradas de forma única. También tiene un restaurante emplazado en un bonito y tranquilo jardín y un pequeño *hamam*. La limpieza, el desayuno, la ubicación reciben muy buenas críticas.
✉ Kavaklı Mah., Burç üstü 21
☎ (224) 225 41 60
🖰 http://kitapevi.com.tr

Ibis Bursa (E)
Situado en el centro de negocios Buttim, algo alejado del centro de Bursa. Ofrece una buena calidad-precio. Habitaciones limpias y espaciosas. El personal es muy amable.
✉ Altinova Mah. Fuar Caddesi 67, Osmangazi, Bursa
☎ (224) 275 85 00
🖰 https://all.accor.com

Edirne

Hotel Edirne Palace (M)
Hotel céntrico con habitaciones espaciosas, limpias y cómodas. Personal amable y eficiente.
✉ Vavlı Cami Sokak 4
☎ (0284) 214 74 74
🖰 www.hoteledirnepalace.com

Hoteles baratos

En verano, los hoteles baratos de Estambul, sobre todo los de la zona de Sultanahmet se llenan antes de las 10 de la mañana, o sea que conviene reservar. A veces hay cortes de agua todo el día, por lo que las habitaciones pueden oler un poco mal, con el calor del verano. No suele haber toallas y el desayuno suele ser "a la turca", es decir: aceitunas, tomate, queso, miel y pan, y para beber, té turco.

Compras

ANTIGÜEDADES

Artrium
Parece la cueva de Alí Babá llena de cerámica turca, grabados, pinturas, joyería y telas. Se pueden encontrar objetos muy bellos.
- ✉ Tünel Geçidi 5, 7, Tünel-Beyoğlu
- ☎ 251 43 02

Avrupa Pasaji
Antiguos juguetes y cajas metálicas de coleccionistas, monedas, postales antiguas e incluso sellos, que Nasen mostrará con pasión. Los precios están muy bien.
- ✉ Avrupa Pasajı 7, Galatasaray
- ☎ 249 32 80

Berol Antik
Es una tienda de antigüedades y objetos vintage: muebles antiguos, relojes, gramófonos, viejas radios, discos de vinilo, alfombras tejidas, libros antiguos, instrumentos musicales. La oferta es muy variada.
- ✉ Firuzağa, Çukur Cuma Cd. 44 D:2
- ☎ 478 72 25
- 🖥 www.berolantik.com

Galeri Alfa
Exquisita colección de antigüedades, incluyendo soldados otomanos de plomo y grabados y mapas antiguos.
- ✉ Faikpaşa Yokuşu 43, Çukurcuma, Beyoğlu
- ☎ 306 29 78

Horhor Bit Pazarı
Mercadillo que se despliega en 5 plantas, especializado en muebles y cosas coleccionables desde los otomanos.
- ✉ Kırık Tulumba Sokak, 13/22, Aksaray

Sofa Art & Antiques
Curiosa tienda de antigüedades con grabados antiguos, mapas, libros, platos originales de Kütahya, cristal y tejidos, joyería antigua y moderna, basada en diseños otomanos originales.
- ✉ Nuruosmaniye Caddesi 53A, Cağaloğlu
- ☎ 271 04 00

MÚSICA Y LIBROS

Ada Cafe Bookstore
Librería, restaurante con un gran surtido de música tradicional, rock, pop y electrónica turca. Libros en inglés sobre Turquía. Postales antiguas.
- ✉ Istiklâl Caddesi 158A, Tünel-Beyoğlu
- ☎ 245 01 21

Avrupa Pasajı
Los amantes de las tiendas pequeñas llenas de trastos no deben perderse Avrupa Pasajı, muy bien restaurado, que se extiende desde Galatasary Balıkpazarı, el mercado del pescado, hasta el consulado británico, que sale de Istiklâl Caddesi. También se le conoce como el "Pasaje de los Espejos", porque está flanqueado de bonitas estatuas. En este pasaje y en el que corre paralelo hay multitud de pequeñas tiendas que se venden postales antiguas, joyas o pósters de cine.

Deniz Kitapevi

Para los amantes de los barcos y del mar no hay librería mejor. Muy interesante.

✉ Cennet, Yahya Kemal Beyatlı Cd. 7 A
☎ 541 25 22

Galeri Kayseri

Selección muy completa de libros sobre arte y cultura turca, arquitectura, historia, los sufís, etc., además de guías turísticas de Estambul en distintos idiomas. Hay una colección de miniaturas.

✉ Divan Yolu 11 y 58, Sultanahmet
☎ 516 33 66
🖥 www.galerikayseri.com

LA-FA Musical Instruments

Venta de todo tipo de instrumentos musicales. También alquilan instrumentos y pianos.

✉ Şahkulu, Şah Değirmeni Sk. 6/A
☎ 243 16 96
🖥 https://lafamuzik.com/

Librería Minoa Pera

Es una de las librerías más antiguas y bonitas. Gran selección de libros árabes, griegos y europeos. Los dependientes son competentes.

✉ Galip Dede Sokak 8, Tünel-Beyoğlu
☎ 892 08 58
🖥 www.minoa.com

Pandora

Amplia selección de libros en lengua inglesa.

✉ Büyük Parmak Kapi Sokak, 8
☎ 245 16 67
🖥 www.pandora.com.tr

Robinson Crusoe 389

Excelente librería por la variedad de volúmenes en otros idiomas y por sus maravillosos libros de arte sobre arquitectura turca e islámica.

✉ Istiklâl Caddesi 195A, Beyoğlu
☎ 293 69 68
🖥 www.rob389.com

ALFOMBRAS Y KILIMS

El Rincón de Fehmi

Alfombras y kilims de calidad a buenos precios. También venden bolsos y relojes. Muy popular entre los españoles.

✉ Yerebatan Caddesi 15B, Sultanahmet
☎ 454 99 98
🖥 www. elrincondefehmi.com

Mehmet Çetinkaya Gallery

Alfombras y kilims de Anatolia y Asia Central, además de seda bordada y otros tejidos.

✉ Arasta Bazaar 151, Sultanahmet
☎ 458 61 86
🖥 www. cetinkayagallery.com

Şişko Osman Halıcı

Tienda famosa frecuentada por extranjeros. Gran selección de alfombras antiguas.

✉ Zincirlihan 15, Kapalıçarşı
☎ 528 35 48
🖥 www.siskoosman.com

Unsi Estambul

Tienda especializada en alfombras y kilims hechos a mano, de la región de Anatolia y otras zonas de Turquía. También disponen de una sección de joyas y plata.

✉ Hocapasa Mah. Hüdavendigar Cad. 1/3A
☎ 511 98 11

ARTESANÍA

Handcrafted Chess

Tienda especializada en tableros de backgammon y ajedrez hechos a mano.

✉ Beyazıt, Kavaflar Sk.

Comprar alfombras

Tanto las alfombras turcas como los kilims son relativamente baratos, pero hay que prevenirse ante los posibles trucos de los vendedores. Antes de decidirse por ninguna, visite varias tiendas y fíjese en los precios. Compruebe si el color destiñe, mojando una punta con un trapo blanco. Asegúrese de que es pura lana, quemando una punta. Los tintes químicos cada vez se usan más y el resultado son colores más brillantes que los de las naturales. Cada vez hay menos alfombras antiguas, por eso debe ver muchos sitios antes de decidirse; y ya no espere gangas.

Heritage Nomadic Art Gallery

Tienda de alfombras contemporáneas y envejecidas hechas a mano. También tiene una galería de arte.

✉ Cankurtaran, Caferiye Sk. 10-1
☎ 126 94 97
🖥 www.turkishrug.com

Ipek Mağazası

Regentada por la familia sefardí Calvo, vende excelentes pañuelos, corbatas y bufandas de seda y lana.

✉ Istiklâl Caddesi 120 7/8, Galatasaray, Beyoğlu
☎ 249 82 07

Iznik Works

Cerámicas de Iznik hechas a mano. Diferentes calidades y precios.

✉ Takkeciler Sokak 41-45, Kapalıçarşı

📷 522 42 42
🌐 www.iz+niqworks.com

Iznik Classics
Bonita tienda de cerámica, con exquisitas copias de piezas de museos del siglo XVI realizadas por el famoso artista Ismail Yiğit entre otros.
✉ Arasta Çarşısı 67, 73 y 161, Sultanahmet
📷 516 88 74
🌐 www.izniklassics.com

LAT (Les Arts Turcs)
Cerámicas, músicas del mundo, miniaturas y talleres especializados en cocina turca, caligrafía, música, danza oriental o Ebru entre otros. Este lugar no es una tienda al uso, es un híbrido entre una galería de arte y lugar de reunión de artistas, intelectuales y viajeros.

Comprar hasta desfallecer
El equivalente turco de El Corte Inglés es Beymen, en Abdi Ipekçi Cad. 23/1, Nişantaşi, en el Centro Comercial de Akmerkez (📷 282 03 80) y en Etiler y Suadiye, en la costa asiática (📷 216 435 48 20). Este gran emporio vende de todo, desde ropa de producción propia o de los diseñadores internacionales hasta cosmética, papelería, complementos o muebles. En la central de Nişantaşi dispone de una sensacional Brasserie (📷 343 04 43) donde hacer una parada para comer o tomar una copa rodeado de ejecutivos y adinerados empresarios de la zona.

✉ Incili Cavus Sokak 19, 3º (último piso), Sultanahmet (cerca de la entrada a Yerebatan)
📷 220 10 22
🌐 www.lesartsturcs.com

ROPA
La moda está en auge y Rıfat Özbek, diseñador turco afincado en Londres, está abriendo el camino a sus compatriotas. Los diseñadores utilizan los tejidos tradicionales locales, como la seda de Bursa, la lana de angora, el *cachemir* o el cuero. Galerías comerciales y boutiques de renombre están inaugurando tiendas en las grandes zonas comerciales de Nişantaşi, Etiler, Şişli y, en la costa asiática, en el elegante Suadiye, sobre todo en Bağdat Caddesi. También se encuentran reconocidas firmas internacionales.

Beymen
Moda turca contemporánea, para hombre y mujer, con zapatos hechos aquí y complementos a juego. Merece la pena. Marcas internacionales.
✉ Abdi Ipekçi Caddesi 23/1, Nişantaşi
📷 444 47 00
🌐 www.beymen.com

Gönül Paksoy
Ropa de corte moderno con reminiscencias otomanas para mujer, hecha a mano en seda natural, lana y lino. También hay una línea más informal para jóvenes, en tejidos naturales.
✉ Atiye Sokak, 6A y 1/3, Teşvikiye
📷 236 02 09

Sedef Gür
Ropa sofisticada para mujer con diseños clásicos pero informales. Excelentes materiales y telas con diseños otomanos.

El bazar del oro
En Turquía, comprar oro sale más barato que en otro país. La joyería clásica en plata es más cara, porque solo se vende en tiendas de antigüedades. Los mejores joyeros de Estambul se encuentran cerca del bazar de Nuruosmaniye Caddesi, en Cağaloğlu. En el Kapalıçarşı, sobre todo en el Bedesten viejo, hay piezas más baratas.

✉ Hotel Les Ottomans Muallim Naci Caddesi 68, Kuruçeşme
📷 263 59 30

Vakko
Es una de las marcas más elegantes y con más prestigio del país, tanto para hombre como para mujer. Prendas hechas con lanas, algodones y sedas de primera calidad y precios en consonancia.
✉ Abdi Ipekçi Caddesi 31 y 38, Nişantaşi
📷 2243172 y 2349218
También en C.C. Akmerkez (📷 282 06 95), Kanyon (📷 353 10 80)
🌐 www.vakko.com

Vakkorama
Versión juvenil de la elegante Vakko que vende ropa de moda para jóvenes.
✉ Bağdat Caddesi 422A, Suadiye
📷 (0216) 416 42 04
También en C.C. Akmerkez (📷 282 09 65)
🌐 www.vakkorama.com.tr

Yargıcı
Es uno de los diseñadores turcos, estrella de la moda para mujer, que utiliza tejidos naturales como seda o lino.

✉ Valikonağı Sokak 30, Nişantaşı, En C.C. Akmerkez (282 05 01)
🖱 www.yargici.com

JOYERÍA

En el Gran Bazar hay numerosas tiendas de joyas.

Adil Birsen

Originales y únicos diseños; son especialmente interesantes los anillos, brazaletes y gemelos que muestran sultanes en miniatura y escenas de la antigua Estambul.
✉ Tevkif Hane Caddesi 8/1, Sultanahmet
☎ 517 82 12

Altinbaş

Uno de los mayores productores de joyas clásicas y tradicionales, sobre todo en oro. Sus joyas se venden en innumerables tiendas por todo el país.
✉ Nurosmaniye 49, Sultanahmet
☎ 455 29 00
🖱 www.altinbas.com

Gilan

Exclusiva joyería con diseños turcos, tradicionales y creativos. Hay réplicas de joyas del Palacio de Topkapı.
✉ Bagdat Caddesi 449B, Suadiye
☎ (0216) 384 99 17
También en ✉ C.C. Akmerkez 123 (☎ 282 05 76)
🖱 www.gilan.com

Ela Cindoruk

Comparte la tienda con Nazan Pak. Son una de las parejas de diseñadoras más vanguardistas e innovadoras del país.
✉ Abdi Ipekçi Caddesi Atiye Sokak 14B, Teşvikiye
☎ 219 62 92

Urart

Es el diseñador de joyas más famoso de Turquía; trabaja plata y oro y hace vajillas inspirándose en diseños de Anatolia.
✉ Abdi Ipekçi Caddesi 18/1, Nişantaşı ☎ 321 48 85
🖱 www.urart.com.tr

CUERO

Bilgili Leather

Una de las tiendas de piel más antiguas del bazar. Con diferentes modelos.
✉ Takkeciler Sokak 93-95, Kapalıçarşı
☎ 568 11 99
🖱 www.bilgili.info

Derimod

Prendas de cuero contemporáneas y bien diseñadas, para hombre y mujer, además de ropa con tejidos naturales.
✉ Valikonağı Sokak 85, Nişantaşı
☎ 231 15 10
También en ✉ C.C. Akmerkez (☎ 282 06 68) Carousel (☎ 0216-571 03 78) Kanyon (☎ 353 06 51)
🖱 www.derimod.com.tr

Romantic

En las puertas del Gran Bazar. Debe regatear.
✉ Sepetçi Han 23, Çarşikapı, Bayazit
☎ 519 26 24

CENTROS COMERCIALES

Akmerkez
Es un centro comercial grande y lujoso con tiendas exclusivas turcas e internacionales, restaurantes y cines.
- ✉ Nispetiye Caddesi, Ulus-Etiler
- ☎ 282 01 70
- 🚇 Levent
- 🌐 www.akmerkez.com.tr/en

Forum Istanbul
Es el centro comercial más grande de Europa. En su recinto se ubica el Turkuazoo. Para disfrutar toda la familia.
- ✉ Kocatepe Mahallesi, Şehir Parkı Caddesi, Bayrampaşa
- ☎ 443 13 50
- 🚇 32T (Cevatpasa-Taksim) y 32A (Cevatpasa- Beyazıt)
- 🚋 Kartaltepe-Kocatepe
- 🌐 www. forumistanbul.com.tr/en

Istinye Park
Situado junto al Bósforo. Abrió en 2007 y dispone de espacios abiertos que le hacen un lugar muy agradable para pasear.
- ✉ Istinye Bayırı Caddesi, Istinye
- 🚇 40B y 42 (desde Taksim)
- 🕐 10 h-22 h
- 🌐 www.istinyepark.com/en

Kanyon
Abierto en 2006, está construido hacia abajo, en forma de cañón, bajo rascacielos. Diseño moderno y tiendas de calidad, entre ellas, Harvey Nichols.
- ✉ Büyükdere Caddesi 185, Levent
- ☎ 317 53 30
- 🚇 Levent
- 🌐 www.kanyon.com.tr

Metrocity
Abrió sus puertas en 2003 y hoy es uno de los mejores y más modernos de la ciudad.

- ✉ Büyükdere Caddesi 171, Levent
- ☎ 344 06 60
- 🌐 www.metrocity.com.tr

MERCADOS
En casi todas las calles de Estambul hay mercado a alguna hora del día. Son recomendables los siguientes.

Beyazıt Pazarı
Mercado callejero en el que se venden productos traídos de Rusia y Asia Central. Muy colorido e interesante.
- ✉ En los muros de la Universidad de Estambul, desde Beyazıt Meydanı hasta la Mezquita de Solimán
- 🕐 Domingo mañanas

Beşiktaş Çarşisi
Mercado diario de productos frescos y puestos con pescado y sopa caliente.
- ✉ Beşiktaş Meydanı

Fatih Pazarı
Local y tradicional, famoso por sus puestos de comida.
- ✉ Alrededor Mezquita de Fatih
- 🕐 Miércoles

Galatasaray Balıkpazarı (Mercado de Pescado)
Es uno de los mejores mercados de la ciudad, con productos frescos, buen caviar, dulces, hierbas y especias. Para no perdérselo.
- ✉ Sale de Istiklâl Caddesi
- 🕐 Todos los días

Mısır Çarvısı (Bazar Egipcio de Especias) (▶66)

Salı Pazarı
Seguramente el mercado popular más grande y conocido. Muy genuino. Predominan puestos de ropa y comida.
- ✉ Kent Meydani (uzun çayir, metrobüs stop)
- 🕐 Martes y viernes

Ortaköy Pazarı
En Ortaköy se montan puestos con lo típico de segunda mano.
- ✉ Cerca de Ortaköy Camii
- 🕐 Domingo

Sahaflar Çarşısı
Famoso mercado de libro usado que se remonta al siglo XVIII. Hay encantadoras librerías pequeñitas y vendedores ambulantes, tan groseros, que casi resultan divertidos.
- ✉ Entre Beyazıt Camii y el Bazar Cubierto
- 🕐 Lun-sáb: 9 h-19 h. Cierra domingo

COMIDA

Asri Turşucu
Una tienda con mucho colorido que lleva ven-

Bazar de las Especias
Uno de los recuerdos más baratos de Estambul es una buena selección de especias compradas en el Bazar Egipcio, el de las Especias. Lo mejor es comprar donde estén marcados los precios. El azafrán turco o español es barato, pero tiene poco sabor; pregunte por el iraní, es caro pero suele tener sello de garantía. No se olvide de otras como: *acı biber* (guindilla en polvo); *tatlı biber* (pimienta dulce); *yaprak biber* (pimienta en pasta); *sumak* (especia morada que se usa en ensaladas y platos de cebolla) o el *kimyon* (comino). La calidad de los pistachos y almendras son excelentes.

diendo desde 1913 todo tipo de fruta o verdura en conserva o encurtida.
- ✉ Firuzağa Camii Karşısı, Ağa Haman Caddesi 9A, Cihangir
- ☎ 545 21 21
- 🕐 Abre todos los días

Kurukahveci Mehmet Efendi

El delicioso olor a café que desprende la tienda sirve de reclamo. Siempre hay cola. El café en polvo de esta tienda es una institución en Estambul y se considera el mejor.
- ✉ Tahmis Caddesi 66, a la vuelta de la bifurcación derecha del Bazar de las Especias, Eminönü
- ☎ 444 22 00
- 🖰 www. mehmetefendi.com

La Cave

Excelente surtido de vinos turcos e internacionales.
- ✉ Sıraserviler Cad. 109A, Cihangir
- ☎ 243 24 05
- 🖰 www.lacavesarap.com

Urfa Pazarı

Gran surtido de productos locales e importados, envasados al vacío para su transporte: hígados de pescado, caviar, miel, quesos, *pastirma* (carne de ternera adobada), etc.

- ✉ Mısırçarşısı Içi 26 (Bazar de las Especias), Eminönü
- 🕐 526 11 18

DULCES Y CAVIAR

Karaköy Gulluoğlu

Situada bajo un parking de 4 pisos, esta es la mejor pastelería para comprar *baklavas, şuviets, burma*

Delicias turcas

Baklava (hojaldre relleno de pistacho o avellanas y sirope), famoso en todo el Oriente Medio, es un invento turco. *Kadın göbegi*, u "ombligo de dama", son pasteles con sabor a limón bañado en sirope, y *dilber dudağı*, o "labios de bella", es pasta frita con sirope. El delicioso *künefe* se elabora con cabello de ángel y queso fundido. El *lokum*, o delicia turca, consiste básicamente en azúcar caramelizada con pectina y sabor a menta, a agua de rosas o rellenos de pistachos y avellanas.

---

kadayıf y otras deliciosos postres turcos.
- ✉ Mumhane Caddesi 171
- ☎ 225 52 82
- 🖰 www.karakoygulluoglu. com

Šekerci Hacı Bekir

Hacen desde 1777 las mejores delicias turcas de la ciudad.
- ✉ Istiklâl Caddesi, 83A
- ☎ 244 28 04
- También en ✉ Hamidiye Caddesi 83, Eminönü
- ☎ 522 06 66
- 🖰 www.hacibekir.com.tr

Topkapi

Situada en el bazar de las especias ha abierto una nueva tienda en el Arasta Bazar, donde el carismático "Jordi" (Mehmet) conseguirá que salgas cargado de especias, delicias turcas, té e incluso caviar.
- ✉ Arasta bazar 69-71 Sultanahmet
- ☎ 638 85 82

Üç Yıldız

Producen delicioso *helva*, mazapán, mermeladas y *lokum*.
- ✉ Dudu odalari Sokak 7, en Balık Pazarı (Mercado del pescado), Beyoğlu
- ☎ 293 81 70
- 🖰 https://ucyildizsekerleme. com

▌Actividades para niños

En Estambul no hay mucha oferta de ocio pensada específicamente para los niños. Pero aquellos que ya disfrutan viendo cosas suelen divertirse. La mejor época para ir con niños es primavera o al final del verano, aunque si elige esta fecha, asegúrese de que su hotel tenga piscina o realice excursiones a las Islas Príncipe o las playas del mar Negro.

Acuario de Florya
Este acuario abrió sus puertas en el 2011 y se ha posicionado como de los mejores en el mundo, por su gran variedad de especies.
- ✉ Şenlikköy Mahallesi Yeşilköy Halkalı Caddesi 93, Florya-Istanbul
- ☎ 444 97 44
- ⏰ Abierto 10 h-20 h
- 🚌 Minibús gratuito Laleli y Taksim
- 💻 www.istanbulakvaryum.com

Askeri Müzesi
A los niños les suelen gustar las representaciones de los jenízaros y a muchos, también la exposición de armaduras (▶39).

Crucero por el Bósforo
A los niños les encantan los cruceros y viajar en barco. Visite el impresionante castillo de Rumeli Hisari (▶ 72) o disfrute en Sarıyer (▶98), viendo regresar a los pescadores.

Gülhane Parkı
Es el parque más grande de la zona de Sultanahmet, ideal para comer.

Istanbul Dolphinarium
Todos los días (excepto lunes) a las 14 h con delfines, focas, ballenas blancas y morsas. Posibilidad de nadar con delfines.
- ✉ Silahtarağa Caddesi 2/4, Eyüp
- ☎ 511 45 16
- 💻 https://www.istanbuldolphinarium.com/tr

Miniatürk
Este museo al aire libre reproduce, a escala 1/25, las 105 construcciones

más famosas de Turquía. Los niños disfrutarán observando los edificios a su altura.
- ✉ Imrahor Caddesi, Borsa Durağı Mevkii, Sütlüce
- ☎ 222 28 82

🕐 Invierno: 9 h-17 h; verano: hasta las 19 h
🚌 Desde Eminönü 47E y 54HT desde Taksim
🌐 www.miniaturk.com.tr/en

Parque Temático Vialand

Único parque temático de Turquía que abrió sus puertas en 2013. Atracciones acuáticas (montañas rusas de agua) y una zona de compras muy amplia
✉ Yeşilpınar Mahallesi Girne Caddesi-Eyüp

🚌 Minibuses gratuitos desde Sultanahmet o Kabataş. 55T (Taksim) 99A (Eminönü)
🌐 www.vialand.com.tr

Rahmi M Koç Müzesi

Este didáctico museo industrial reúne excelentes colecciones de coches, barcos, un avión e incluso un submarino.

Sapphire Tower

El mirador situado en la última planta de la torre ofrece vistas panorámicas de la ciudad a una altura total de 261 m incluyendo su aguja, y su techo alcanza unos 238 m. Los niños disfrutarán mucho con el *SkyRide*, una simulación en 4D en la que sobrevuelas las principales atracciones de Estambul.
✉ Büyükdere Caddesi, Çalıkuşu Sk. 1 (4 Levent)
☎ 268 83 83
🚇 Metro 4 Levent desde Taksim
🌐 https://sapphireskydeck.com/

Cine, teatro y música

CINE

La mayoría de los grandes cines pasan las películas extranjeras con subtítulos en turco, y las películas turcas se subtitulan en inglés solo para el Festival Internacional de Cine de Estambul (▶127).
Los cines más pequeños suelen poner versiones dobladas; se puede preguntar en la taquilla si la película es *orijinal* (versión original) o *türkçe* (doblada en turco). Existe censura para las cintas provocativas y a veces se hacen cortes para no sobrepasar un tiempo determinado. Las entradas son más baratas que en Europa occidental y las sesiones matinales, más aún. En la sección especial del domingo del periódico *Turca Daily News* aparece la cartelera con las películas extranjeras.

Atlas Cinemas

Situado en un bonito edificio del siglo XIX, en el interior del "Atlas pasaji". Día del espectador: lunes y jueves.
✉ Istiklâl Caddesi 131 (Atlas pasaji), Beyoğlu
☎ 252 85 76
🌐 www.atlas1948.com

Cinemaximun Forum

En el centro comercial Forum Istanbul, cuenta con 10 salas y es el complejo de cines más grande de la costa europea.

Cinemaximun Fitaş

Céntrico, con 10 salas y cafetería. Un sitio espectacular para disfrutar de los estrenos de la cartelera.
✉ Istiklâl Caddesi 24126, Beyoğlu
☎ 251 20 20

Cinemaximun Kanyon

Cine en el centro comercial Kanyon. Proyecta películas en 3D en versión original subtituladas en turco. Ideal para practicar.
✉ Kanyon AVM, Büyükdere Caddesi 185, Levent

Feriye Eurimages

Moderno y próximo al bohemio centro de Ortaköy.
✉ Çırağan Caddesi 124, Ortaköy
☎ 236 28 64

TEATRO Y MÚSICA CLÁSICA

Centro Cultural Aksanat

Organiza exposiciones de arte y de escultura y ciclos regulares de música clásica y jazz. También hay representaciones de teatro turco y se proyectan películas en pantalla grande.
✉ Istiklâl Caddesi 8, Akbank Building, Beyoğlu
☎ 252 35 00

Cemal Çeşit Rey Concert Hall

Este teatro acoge representaciones de música clásica, religiosa, tradicional y por ella pasan eventos de los mejores festivales de música de la ciudad. Hay que mirar la cartelera porque siempre hay algo interesante. Y aquí el idioma no es un impedimento.
✉ Darülbedayi Caddesi 1, Harbiye
☎ 312 63 25
🌐 https://crrkonsersalonu.ibb.istanbul

Garaj Istanbul

Antiguo garaje de Beyoğlu reformado en centro para música contemporánea, danza y teatro. Un espacio que puede resultar alternativo y ofrece espectáculos alternativos.
✉ Yeni Çarşı Caddesi, Kaymakam Reşat Bey Sokak 11 A, Galatasaray-Beyoğlu
☎ 244 44 99

▌Deportes

Edirne

Lucha Libre

En el Festival Anual de
Edirne (en Junio) se con-
memoran las competicio-
nes de lucha libre que en
el siglo xiv organizaba el
sultán otomano Solimán
Paşa entre sus 40 caballeros. Participan unos 800
concursantes que, untados
de aceite y con pantalón
de cuero, intentan derribar
al oponente.

✉ Kırkpınar, a 2 km del
centro de Edirne

Estambul

Hilton Health Club

Si no se es cliente del hotel, se puede acceder pa-
gando a la fantástica piscina con vistas al Bósforo, la
piscina cubierta, el jacuzzi,
la sauna, los baños turcos,
el gimnasio o las pistas de
squash y tenis.

✉ Cumhuriyet Caddesi 152,
Harbiye
☎ 315 60 00
🚋 Tranvía a Taksim

Inönü Stadium

Los equipos de fútbol más
importantes del país están
en Estambul y casi todos
los encuentros importan-
tes del temible Beşiktaş
se juegan en este estadio.
A los turcos les apasiona
el fútbol; si coincide con
algún partido, descubrirá
hasta qué punto.

✉ Kadırgalar Caddesi, entre
Taksim y Beşiktaş

Kemer Country
y Golf Club

Campo muy bien cuidado
de 18 hoyos, ubicado en el
Bosque de Belgrado (▶91).
Los jugadores deben tener
cuidado de no mandar la
bolas a cualquiera de las
yalıs que lo rodean. Cuenta con hípica, tenis y hotel.

Sol y mar

Lo mejor para relajarse un domingo de verano es ir
a las playas próximas a Estambul. Las mejores son
Kilyos (▶97) y Şile (▶99) en la costa asiática, o Adalar
(islas Príncipes) (▶89). En Büyükada se puede alquilar
un coche de caballos para ir a la playa. También es
muy agradable seguir el ejemplo de decenas de
turcos que acuden en autobús a las zonas de Bebek
o Arnavutköy a tomar el desayuno típico turco a la
orilla del Bósforo o en restaurantes como el Sade
Kahve en Rumeli Hisarı (Yahya Kemal Caddesi 20A, ☎
358 23 24) para después volver andando por la costa
hasta Ortaköy (entre 2 y 3 horas) donde se celebra el
animado mercadillo dominical.

✉ Göktürk Köyü,
Kemerburgaz (a 30 km del
centro)
☎ 239 70 10

Klassis Golf
y Country Club

Este club está todavía más
lejos y tiene campos de 18
y 9 hoyos que se adaptan
a los estándares interna-
cionales. Suele haber tor-
neos internacionales. Es
más barato que Europa o
EE.UU. Hípica y *health club*
en el hotel.

✉ Seymen Silivri, a 70 km
del centro
☎ 710 13 13

Parkoman

Hay una piscina grande, un
buen parque infantil, un
teatro y establecimientos
de comida rápida.

✉ Büyükdere Caddesi,
Maslak
☎ 328 20 00
🕐 Piscina abierta
de 9 h-17 h

Patinaje

Los jóvenes practican mu-
cho el patinaje sobre rue-
das y el monopatín bajo la
atenta mirada de la esta-
tua de Barbaros Hayrettin
Paşa, más conocido como
Barbarroja.

✉ Paseo marítimo de
Beşiktaş

Pesca desde
el Puente de Gálata

La pesca es muy popular a
lo largo del Bósforo, pero
hacerlo desde el Puente
de Gálata, es toda una
institución (▶55). Si usted
es novato, le aburrirán con
consejos.

Time Out
Bowling Centre

Enorme bolera con 20
carriles, billares y dardos
suficientes para divertirse
durante horas.

✉ Centro Comercial Profilo,
Cemal Sahir Sokak 26-28,
Mecidiyeköy
☎ 217 09 92
✉ Mecidiyeköy

Baños turcos

Los *hamam*, o baños turcos, solían estar cerca de las mezquitas para que los creyentes hicieran el ritual de la ablución correctamente. En la actualidad casi todos se usan como baños públicos, con fines higiénicos. Suelen tener habitaciones separadas para hombres y mujeres, o bien las mujeres los usan durante el día y los hombres durante la noche. Se puede llevar jabón y champú, aunque normalmente está incluido en el precio o se puede comprar allí. Después de pagar, le enseñarán su garita para que se cambie.

A los hombres les dan un *peştemal*, para que se enrollen en la cintura y a las mujeres unos *takunya*, zuecos de madera, y una toalla. Los hombres deben quedarse con el *peştemal* puesto y las mujeres, solo con las bragas.

El *ha'raret*, o sala caliente, es la principal, en la que uno se sienta al lado de un grifo, lavándose y restregándose con estropajos. Los masajes se dan en la plataforma elevada que hay en el centro de la habitación, sobre el horno. Como el baño deshidrata tomad té y zumos después. Las bebidas y los masajes son extras que hay que abonar; al masajista se le da una propina.

Büyük Hamam
El *hamam* más grande de Estambul. Construido por Sinán, es armonioso y está limpio. Van pocos turistas y por eso el servicio es tan bueno.
- ✉ Potiniciler Sokak 22, Kasımpaşa
- ☎ 238 98 00
- ⏰ Hombres: 17.30 h-22.30h; mujeres: 8.30 h-18 h

Los famosos baños de Bursa

Los expertos en baños turcos *(hamam)* le aconsejarán que no los pruebe en Estambul, porque allí o se han convertido en atracción turística o han perdido su espíritu con miles de reformas. Pero si usted va a Bursa (►91), debe probar los mejores *hamam* del país; algunos se remontan a la época de los romanos. Çekirge está a 2 km del centro y son de la época de Justiniano (527-565); el agua procede de los manantiales del Monte Uludağ. Çakır Hamamı, Yeni Kaplıca, Eski Kaplıca y Demirtaş Paşa se sitúan en el centro y también son muy buenos.

Cağaloğlu Hamamı (►48)

Çemberlitaş Hamamı (►32)

Galatasaray Hamamı
Maravillosos; se remontan al siglo xv y mantienen todo el esplendor de antaño, pero hay que tener cuidado porque los masajes son muy fuertes.
- ✉ Turnacıbaşı Sokak 24, sale de Istiklâl Caddesi, Beyoğlu
- ☎ 252 42 42
- ⏰ Hombres: 6 h-20 h; mujeres: 8 h-20 h
- 💰 Muy caro
- 🌐 galatasarayhamami.com

Gedik Paşa Hamam
Datan de 1475 y son los más antiguos de Estambul. Los construyó Gedik Ahmet Paşa, que fue gran visir de Mehmet el Conquistador y jefe de la tropa otomana. El *hamam* está rematado con una cúpula impresionante.
- ✉ Gedik Paşa Caddesi, Hamam Caddesi 65/67, Beyazit
- ☎ 701 47 83
- ⏰ Diario. Hombres: 5 h-23 h; mujeres: 9 h-23 h
- 🌐 gedikpasahamami.com

Mihrimah Sultan Hamam
Este histórico *hamam* del siglo xvı forma parte del Külliye (complejo) de la Mezquita de Mihrimah Sultan (►85) junto a Edirnekapı. Fue diseñado por Sinán para la hija favorita del sultán Solimán: la princesa Mihrimah.
- ✉ Fevzipaşa Caddesi 333, Edirnekapı
- ☎ 523 04 87
- 🌐 www. mihrimahsultanhamami. com

Bares y clubes

MÚSICA Y BARES

360
Ejecutivos, diseñadores y nuevos ricos hacen cola por tomar una cocktail del bar-restaurante de moda. Diseño minimalista acompañado por impresionantes vistas.
- ✉ Istiklâl Caddesi 163, Mısır Apt 32, Kat 8, Galatasaray, Beyoğlu
- ☎ 691 03 60
- ⏱ 24 h-3 h
- 🌐 www.360istanbul.com

Araf
El Araf (purgatorio en turco) es muy popular entre expatriados, estudiantes y turistas. Suele estar lleno a rebosar, y la gente baila animada al son de música balcánica, canciones italianas de los 60 y actuales. Muchas noches hay música en vivo.
- ✉ Istiklâl Caddesi Balo Sokak 32, 5ª pl

- ☎ 969 27 23
- ⏱ 17 h-4 h
- 🌐 www.arafistanbul.com

Babylon
La mejor sala de conciertos de la ciudad. Pequeña pero con una agenda impresionante. Rock, salsa, jazz, funk, etc.
- ✉ Şehbender Sokak 3, Tünel, Asmalımescit
- ☎ 334 01 90
- ⏱ Los días con eventos
- 🌐 www.babylon.com.tr

Beat
Repleto de estudiantes locales y extranjeros de Erasmus bailando hasta el amanecer al ritmo de música electrónica y los últimos hits internacionales.
- ✉ Istiklâl Caddesi Yeşilçam Sokak 9

Dorock Bar
Bar muy popular donde escuchar una gran varie-

dad de heavy metal, desde trash de los 80 hasta clásicos del rock de los 90. Música en vivo.
- ✉ Imam Adnan Sokak 8A

Hayal Kahvesi
Uno de los favoritos de los jóvenes turcos (y los no tanto) que se reúnen a bailar rock, jazz, pop turco gracias a las bandas en directo. Suele estar bastante concurrido.
- ✉ Meşelik Sokak 10
- ☎ 245 10 48

Kooperatif Art & Performance Hall
Este bar subterráneo es un interesante lugar de encuentro entre diferentes artistas, músicos y extranjeros. A veces se puede disfrutar de música en vivo: jazz, griega, balcánica y otras músicas del mundo. Abierto hasta altas horas de la noche. Sitio de encuentro para noctámbulos.

✉ Rumeli Iş Hanı, C Blok
88/12, Beyoğlu
☎ 249 26 05
🕐 Hasta las 5 h
🌐 www.facebook.com/
KooperatifIstanbul

Mi Casa (Ağaç Ev)
Unas escaleras te llevan al último piso de este edificio donde se encuentra el bar "Mi Casa" regentado por el simpático Ibo y frecuentado por españoles, expatriados y locales. Local con un ambiente acogedor, con una decoración que recuerda a un chiringuito de playa.
✉ Mis Sokak 26, Beyoğlu
☎ 0535 7939 476 (Ibo)

Solera Winery
Pequeño bar con una buena selección de vinos y tapas.
✉ Yeni çarsi Caddesi 44
☎ 252 27 19
🕐 Diario: 23 h-2 h
🌐 www.facebook.com/
solerawinery

Locales gay

Aunque la homosexualidad en la sociedad turca sigue siendo tabú, en la zona de Taksim hay algunos cafés, bares y discotecas frecuentados por la comunidad gay. Mientras no se haga ostentación de la condición sexual no tiene que haber ningún problema.

El **Barbahçe** (en la planta baja del Bilsak 5 kat) es un clásico, con zona *chill out* y público europeo. Algunos clubes de moda son el **Tekyön,** muy concurrido los fines de semana (Sıraselviler Caddesi 63/1, https://tekyon.club/ o **El Xlarge Club,** local muy grande y con espectáculos de *Drag queens* y gogós (Mesrutiyet Caddesi, Kallavi Sokak 12, https://www.instagram.com/xlargeclubofficial/?hl=es).

Peyote
Se considera el corazón de la Estambul *underground*. Sus tres pisos con ambientes diferentes hacen posible encontrar opciones para todos los gustos, desde música electrónica en la primera, una sala de conciertos en la segunda o tomar una copa en la terraza que se sitúa en la última planta.
✉ Kameriye Sokak 4, Beyoğlu

Roxy
Se organizan conciertos de grupos turcos y extranjeros de diferentes tipos de música: rock, jazz y pop...
✉ Arslan Yatağı Sokak 1-3, sale de Sıraselviler Caddesi, Taksim
☎ 249 12 83
🕐 Vie-sáb: 22.30 h-4 h

Pano
Se trata de una antigua taberna griega donde se puede tomar vino, por va-

Cabarets

Al contrario de lo que a veces se cree, la danza del vientre no es un espectáculo de origen turco sino árabe, popularizado en Egipto. En Turquía, hasta los años 70 estaba mal visto por la población y solo entonces empezaron los primeros clubes con espectáculos de danza. Poco a poco los movimientos de este baile han sido progresivamente adoptados por las jóvenes en sus bailes, hasta el punto de que en 2003 Sertab Erener ganó el festival de Eurovisión con una coreografía claramente basada en estos bailes. No son muchos los clubes para disfrutar el espectáculo y normalmente suelen resultar bastante caros. Ofrecen un menú fijo incluyendo las bebidas y el espectáculo. Kervansaray es el mejor de todos. Galata Tower Nightclub ofrece un lugar único y casi íntimo, pero la comida y el espectáculo son solo aceptables. Otros clubes similares son Orient House o Sultana's. La forma más económica es hacer la reserva a través del guía turístico, agencia de viajes u hotel, pues tienen tarifas a las que el viajero individual no puede acceder.

sos o botellas acompañado de innumerables tapas griegas y turcas.
✉ Hamalbaşı Caddesi 12B, Galatasaray, Beyoğlu
☎ 292 66 64
🕐 Diario: 23 h-2 h
💻 www.panowinebar.com

Machine Club
Uno de los mejores clubes de música electrónica, con DJ's internacionales, luces de neón y ambiente electro. Muy popular. Espacio con estética industrial.
✉ Balo Sokak 31, Beyoğlu

CLUBES

Club 29
El famoso restaurante abre por la noche su discoteca, frecuentada por la clase alta y urbanita de Estambul.
✉ Adnan Saygun Caddesi Ulus Parkı İçi 71/1, Ulus
☎ 358 29 29
💻 www.29.com.tr

Nardis Jazz Club
El mejor club de jazz de la ciudad, con música en vivo todos los días.
✉ Kuledibi Sokak 14, Galata

☎ 244 57 78
🕐 21:30 h-00:30 h
💻 www.nardisjazz.com

Supperclub
Constituye una de las mejores discotecas para escuchar música electrónica (house, techno) con DJ's. Diseño interior audaz, mezcla de club-artístico, instalación de performance, lounge y restaurante.
✉ Muallim Naci Caddesi 65, Ortaköy
☎ 261 19 88
🕐 Mié-sáb: 24 h-6 h

Fiestas y festivales

Enero-marzo
• Día de Año Nuevo.
• Filmmor (marzo): festival de cine de mujeres.

Abril
• Festival Internacional de Cine de Estambul (principios de abril): varios cines, incluido el Centro Cultural Atatürk proyectan películas turcas, con subtítulos en inglés, y películas extranjeras.
• Día de la Independencia y Día del Niño (23 de abril): festivo; los niños juegan a ser adultos famosos y se invita a la juventud de todo el mundo al Tulip Festival, en el Emigran Park.

Mayo
• Festival Hıdrellez (noche del 5 al 6 de mayo): desde 1997 en las calles de Ahırkapı se celebra este festival de música y danza balcánicas. El Día de Hıdrellez, conocido como Ruz-ı Hızır, es el día durante el cual los Profetas Hızır e Ilyas se encontraron el uno con el otro en la Tierra.
• Día en Honor a Atatürk, de la Juventud y el Deporte (19 mayo). Desfiles.
• Festival Internacional de Teatro de Estambul (segunda quincena de mayo).
• Día de la Fe (29 de mayo): conmemoración de la toma de Constantinopla por Mehmet II.

• Festival Internacional de teatro de Estambul (mayo-junio).

Junio
• Kırkpınar: lucha turca en aceite. El torneo anual llevado a cabo en Edirne desde 1362, es la competición más antigua del mundo.
• Torneo Internacional de Fueraborda (junio): Estambul-Izmir.

Julio
• Festival Internacional de Música de Estambul (mediados de junio-mediados de julio): ballet, música, ópera, rock y jazz, por toda la ciudad, incluido el Topkapı Palace, Aya Irini Kilise y Rumeli Hisarı. Entradas disponibles desde junio en el Centro Cultural Atatürk.
• Festival de Música y Folklore (Bursa; mediados de junio-mediados de julio).
• Festival Internacional de Jazz de Estambul (julio).

Agosto
• Zafer Bayramı (Día de la Victoria; 30 agosto): festivo; se celebra la victoria turca sobre los griegos en 1922.

Septiembre
• Feria de Muestras de Estambul (mediados de mes): Sala de Exposiciones

Tüyap, Sergi Sarayı, Meşrutiyet Caddesi, Tepebaşı.
• Festival de Arte de Yapı Kredı, con conciertos de música internacional, pop, jazz y clásica.
• Biennal Internacional de Estambul (de septiembre a noviembre). Exposición bianual de arte contemporáneo que se celebra desde 1987. Está organizado por la "Istanbul Foundation for Culture and Arts".

Octubre
• Festival Internacional de Jazz de Akbank (principios de octubre): bandas de jazz turcas e internacionales (☎ 252 51 67).
• Día de la República (29 octubre): fuegos artificiales.
• Maratón Intercontinental de Eurasia (octubre).

Noviembre
• Feria del Libro de Estambul (principios de noviembre): en el Sergi Sarayı, Meşrutiyet Caddesi.
• Aniversario de la Muerte de Atatürk (10 noviembre): un minuto de silencio en todo el país a las 9.05 h; en el Bósforo y el Cuerno de Oro los barcos se detienen y tocan las sirenas.
• Feria de Artes Decorativas y Antigüedades de Estambul (mediados de mes): en las salas de Ahmet Fethi Paǧa, en el Museo Militar.

Noches del Ramadán

El Ramadán es el mes en el que los musulmanes se abstienen de comer, beber, fumar o tener relaciones sexuales entre la salida y la puesta del sol. En este mes todo cierra antes, para que la gente tenga tiempo de llegar a su casa a la hora en que termina el ayuno, lo que provoca graves atascos de tráfico. Al turista que visite Estambul en este período apenas le afectará pues la mayoría de los restaurantes de esta guía permanecen abiertos todo el día. Es recomendable mantener una actitud de respeto hacia los musulmanes que sí están cumpliendo el ayuno y por ello es conveniente no comer por la calle o beber y fumar con disimulo. Cerca de las mezquitas principales, Fatih y Sultanahmet, la noche se anima con espectáculos de marionetas (Karagöz) y puestos callejeros que venden los platos típicos del Ramadán; en los cafés hay música en vivo.

Información Práctica

Información turística

Embajada de España en Turquía
- ✉ Prof. Aziz Sancar, 8 Ankara
- ☎ (0312) 438 03 92
- 🖰 www.exteriores.gob.es

Consulado de España en Turquía
- ✉ Karanfil Araliği Sokak 16, 1 Levent, Estambul
- ☎ (212) 270 74 10
- 🖰 www.exteriores.gob.es

Embajada de Turquía en España
- ✉ Rafael Calvo, 18, 2º, 28010 Madrid
- ☎ 91 310 39 04
- 🕘 De 9 a 12:30 h
- 🖰 https://madrid-emb.mfa.gov.tr/Mission

Consulado General de Turquía en Barcelona
- ✉ Passeig de Gràcia 7, 1º, 08007, Barcelona
- ☎ 93 317 92 31

Turkish Airlines
- ✉ Aeropuerto de Madrid Adolfo Suárez
- ☎ 91 375 41 89
- 🖰 www.turkishairlines.com

ANTES DE PARTIR

Requisitos

Para viajar a Estambul es necesario llevar el pasaporte o DNI con una validez de al menos 6 meses a la estancia. A partir del 2 de marzo de 2020 los ciudadanos españoles están exentos de visado para viajar a Turquía para una estancia máxima de 90 días en un período de 180.

Es necesaria la obtención de un visado para poder entrar al país si la estancia es superior a 90 días o con propósitos específicos. Si realizamos el viaje con coche, se necesitará el carné de conducir (el nacional o, mejor, el internacional) junto con el seguro y permiso de circulación del vehículo. Se recomienda hacerse antes un seguro de viaje (accidentes y atención sanitaria).

Cuándo ir

Estambul recibe turistas durante todo el año. Los inviernos suelen ser bastante húmedos y fríos y los veranos calurosos. Por lo tanto, la mejor época para viajar es en otoño y primavera, cuando las temperaturas no son tan extremas.

DURANTE LA ESTANCIA

Llegada

La compañía aérea nacional, *Turkish Airlines (THY)* (www.turkishairlines.com) e Iberia (www.iberia.com) operan con casi toda Europa y con EE.UU.

Aeropuerto de Estambul (www.istairport.com/en). Es el aeropuerto principal que se inauguró en 2019 a 35 km al norte de la ciudad. El aeropuerto fue diseñado como el mayor del mundo, con una capacidad de hasta 150 millones de pasajeros al año, ampliables en el futuro hasta los 200 millones. El anterior aeropuerto de Atatürk se utiliza únicamente para carga. Para desplazarse a la ciudad hay un servicio regular de bus llamado *Havaist Airport Shuttle* (https://www.hava.ist/) que tarda 1 h y 50 min aproximadamente. En coche o taxi es algo menos, aunque depende del tráfico.

Aeropuerto de Sabiha Gökçen (https://www.sabihagokcen.aero/homepage). Es el segundo aeropuerto de la ciudad, situado en la parte asiática a 50 km del centro. La nueva terminal internacional se inauguró a finales de 2009. Desde aquí opera la compañía de bajo coste *Fly Pegasus* (www.flypgs.com).

Grand Sirkeci (tren). La estación se encuentra a 3 km de Taksim, y une Estambul con las principales ciudades europeas. Está a 5 min en tranvía y autobús de Sultanhamet.

Aduana

En Turquía no se pueden introducir ni armas ni narcóticos. Si compra alfombras nuevas deberá presentar la factura de compra, y para las alfombras viejas un certificado expedido por la dirección de un museo. Está prohibido exportar antigüedades o minerales (estos salvo permiso de la Dirección General del Instituto de Investigación Minera, 0312-287 34 30).

Moneda

Desde 2005 y gracias a la mejora económica y control de la inflación se instauró una nueva unidad monetaria denominada *Yeni Türk Lirası* (YTL) que supuso la eliminación de seis ceros con respecto a la denominación antigua, recuperando de nuevo la denominación de *lira turca* (TL) en 2009. Hay monedas de 1, 5, 10, 25 y 50 kuruş, de 1 lira y billetes de 5, 10, 20, 50, 100 y 200 liras.

El tipo de cambio fluctúa todos los días. Se puede cambiar en los bancos a un buen tipo de cambio pero con comisión o mejor aún en alguna de las múltiples oficinas de cambio privadas *(Döviz Bürosu),* con mayores horarios de apertura, cambios competitivos y sin comisión.

Prácticamente todas las tarjetas de crédito sirven para sacar dinero en las entidades a las que estén adscritas y la aceptación en bares, restaurantes y tiendas es un hecho normal casi como en cualquier parte de Europa.

Horario Comercial

La hora oficial en todo el territorio turco es GTM + 2 horas, así que respecto a España, Turquía lleva una hora de adelanto. Las tiendas suelen abrir de lunes a sábado de 9 h a 19 h. En zonas turísticas o más céntricas cierran más tarde, algunas incluso a las 23 h, y abren los domingos.

Las oficinas del gobierno abren de lunes a viernes 8 h a 16 h y los bancos de lunes a viernes de 8.30 h a 12 h y de 13.30 h a 17 h. En las zonas turísticas cierran más tarde. Las farmacias abren de 9.30 h a 19 h; hay varias abiertas 24 h aunque no abundan. En el caso de las mezquitas, las más grandes, abren del alba al atardecer y se pueden visitar en cualquier momento del día excepto durante las 5 oraciones diarias; las pequeñas, para los rezos. Algunas atrac-

Descuentos

Jóvenes

Los estudiantes que tengan el carné de estudiante internacional (ISIC) o cualquier carné joven internacional (IYC) tienen descuentos en algunos transportes, museos, cines y teatros. También tienen la opción de alojarse en albergues como el *Orient Hostel,* (▶111) (https://www.hostelworld.com/es/albergues/europa/turquia/estambul/).

Mayores de 65 años

Algunos museos, cines y teatros ofrecen descuentos a las personas mayores de 65 años.

Fiestas oficiales

1 Ene: Día de Año Nuevo
23 Abr: Día de la Soberanía Nacional
1 May: Día del Trabajo
19 May: Festividad en Honor a Atatürk y Día de la Juventud y el Deporte
29 May: Festival en conmemoración de la conquista de Estambul por Mehmet II en el 1453
15 Jul: Día de la Democracia y Unidad Nacional
30 Ago: Día de la Victoria
29 Oct: Día de la República

Oficinas de Turismo

Dirección provincial de Cultura y Turismo de Estambul

✉ Istiklâl Caddesi, Atlas Pasajı, 131, Beyoğlu

☎ 518 10 21

Sucursales

✉ Divan Yolu Caddesi 5, Sultanahmet

☎ 518 18 02

✉ Karaköy Limanı Yolcu Sarayi (Terminal Marítima), Karaköy

☎ 249 57 76

✉ Estación de tren de Sirkeci, Eminönü

☎ 511 58 88

✉ Taksim

☎ 233 05 92

✉ Sabiha Gökçen Airport

☎ 588 87 94

✉ Aeropuerto Internacional de Estambul

☎ 444 14 42

Ferris *(Vapur)*

Es el transporte público más rápido y eficaz. Hacen el trayecto entre las costas del Cuerno de Oro y el Bósforo y las islas del Príncipe. Los principales puertos son Eminönü, Karaköy y Kabataş en la parte europea y Üsküdar y Kadiköy en la parte asiática.

ciones como el Bazar Cubierto abren de lunes a sábado de 8 h a 19 h. Los museos de 9.30 h a 17 h o 17.30 h. En invierno pueden cerrar de 12.30 h a 13.30 h. Casi todos cierran lunes y/o martes.

Transporte interurbano

Vuelos nacionales. *Turkish Airlines (THY)* es la compañía con más destinos y frecuencias del país. Otras compañías *low cost* operan con precios muy buenos, como *Onur Air* (www.onurair.com.tr), *Atlas Jet* (www.atlasglb.com) y *Flypegasus* (www.flypgs.com).
Trenes. Hay dos estaciones de ferrocarril: Grand Sirkeci, en Eminönü, para los trenes europeos (☎ 527 00 50); y Haydarpaşa, en la parte asiática, donde llegan los trenes de Asia, Turquía, Rusia y Oriente Medio (☎ 0216-336 04 75).

Transporte urbano

Autobuses. Los principales nudos de transporte están en Üsküdar, Kadiköy (Asia) y Taksim; Eminönü y Topkapı (Europa). Se sube y se baja en cualquier momento (https://iett.istanbul/).
Dolmuş. Son taxis compartidos que hacen líneas establecidas, indicadas en el parabrisas.
Tranvía. La línea de tranvía principal empieza en Kabataş y pasa por Karaköy, Eminönü, Sultanahmet, Beyazıt, Aksaray y Topkapı. Tras un trasbordo es posible llegar hasta el aeropuerto en tranvía y metro. Desde Aksaray es posible llegar a la estación de autobuses de larga distancia de Esenler. Sigue funcionando el antiguo tranvía entre Tünel y Taksim por Istiklâl Caddesi.
Tren. El estupendo tren de Marmaray une las dos riberas (europea y asiática) bajo el estrecho del Bósforo. En total son 77 km y 43 estaciones por las que transitan 1,7 millones de pasajeros al día (https://istanbul.com/es/about-city/marmaray)
Funicular. El viejo funicular de Tünel une Karaköy con Tünel y uno nuevo conecta Kabataş con Taksim, de donde sale una línea de **metro** hacia el norte.
Autobús Turístico. Es posible disfrutar de Estambul desde este autobús que recorre las zonas turísticas más importantes. Empieza en Santa Sofía (www.citysightseeing.com).

Taxis

Es la mejor forma de moverse. Son amarillos y hay muchos. Si no bajan el taxímetro, hay que insistir. Evite los de las zonas turísticas que le ofrecen un precio fijo. Lleve un mapa o tenga escrito en turco el nombre de su destino.

Alquiler de coches

Alquilar un coche es caro, en parte por el alto índice de siniestralidad. Conducir por Estambul es una misión suicida y el tráfico, terrible. En el aeropuerto hay oficinas de las agencias más importantes. En los barrios históricos las calles son angostas y el aparcamiento casi imposible.

Conducir en Estambul

La velocidad límite en autopista es 130 km/h, fuera del centro urbano 90 km/h y en el centro urbano 40 km/h. Es obligatorio el uso del cinturón de seguridad en los asientos delanteros.

Hay gasolina sin plomo súper *(kursunsuz),* normal *(benzin)* y diésel *(mazot).* En las grandes gasolineras de las autopistas hay tiendas que abren las 24 h. La gasolina es más cara que en España. Se aceptan tarjetas de crédito.

Si se le estropea el coche, llame al *Turkish Touring and Automobile Association* (☎ 0212/ 282 81 40). Hay muchos talleres de reparación y no suele haber problemas para conseguir repuestos.

Precauciones

No suele haber una gran delincuencia, pero en las zonas turísticas se debe tener cuidado con las pertenencias y tenerlas en todo momento vigiladas. No se ponga muchas joyas y lleve solo el pasaporte. Hay mucha presencia policial en toda la ciudad, por lo que la noche es bastante segura. Las mujeres solas deben quedarse en las calles importantes y evitar los alrededores de Gálata, Tarlabaşi y Aksaray, la zona de prostitución. No compre ni consuma drogas. Hay traficantes en contacto con la policía.

Electricidad

El voltaje común en Turquía es de 230 voltios. La frecuencia es 50 Hz. Las clavijas y enchufes son del tipo F. La gran mayoría de los enchufes admiten clavijas redondas de dos patillas, por lo que no es necesario llevar adaptador.

Teléfonos

Todos los operadores de telefonía móvil española operan a través de empresas locales (Turkcell es la más extendida, pero también Vodafone y Türk Telekom). Turquía está incluida en la zona 1 de roaming por lo que dependiendo de la tarifa telefónica de móvil que tengamos contratada es posible que tengamos tanto datos como llamadas ilimitadas gratuitas desde nuestro celular.

Fotografías

Estambul es una ciudad que ofrece mil oportunidades a los amantes de la fotografía. Las vistas del Cuerno de Oro desde la torre de Galata o Üskudar en la zona asiática, las mezquitas, los mercados y el Bósforo son fotografías que no deben faltar.

En zonas militares está prohibido hacer fotos y en algunos museos se necesita autorización específica. Para sacar fotos de la gente es mejor preguntar primero, porque a muchos les puede molestar, sobre todo en las zonas más religiosas, como Fatih.

Fiestas religiosas

La más importante es el Şeker Bayramı: la celebración del final del Ramadán (mes de ayuno). El Kurban Bayramı (marzo y abril) celebra el sacrificio de un cordero, en lugar de Isaac, el hijo de Abraham. El primero dura tres días y el segundo cuatro; la fecha varía según el calendario lunar.

Şeker Bayram o final del Ramadán:
2026: 19 marzo
2027: 9 de marzo
Kurban Bayramı:
2026: 26 mayo
2027: 16 de mayo

❚ Idioma

El turco no es un idioma que se coja de oídas mientras se visita el país, pero mucha gente habla inglés, alemán o francés. No obstante, los turcos agradecerán que al menos intente pronunciar algunas palabras en su idioma. Desde que Atatürk abolió la escritura arábe, el turco se escribe en alfabeto latino; algunas letras se pronuncian de manera diferente:
c = ll; *ç* = ch; *ğ/y* = son mudas, alargan la vocal precedente; *i* = i larga; *j* =como la "y" de cónyuge; *ö* = ur; *ş* = como en inglés "she"; *ü* = como en inglés "new"

❚ Antes de regresar

Confirme su vuelo dos días antes de regresar. Esté en el aeropuerto como mínimo dos horas antes de la salida del vuelo. En las tiendas libres de impuestos del aeropuerto de Estambul hay delicias turcas, té y caviar de calidad.

Para llamar a Estambul desde el extranjero, marque el código internacional seguido de 90 (Turquía) más 212 si llama a la parte europea o el 216 si llama a la asiática. El operador internacional es 0800 314 0115. El prefijo internacional de Estambul a España es el 0034. Algunos teléfonos útiles son: Policía 155; Bomberos 110; Ambulancia 112; Hospital (American Hospital, Nişantaşı) 231 40 50.

❚ Correos
La oficina principal, Yeni Postahane Caddesi, está cerca de la estación de Sirkeci. Hay sucursales en: Istiklâl Caddesi, en Kadiköy, Üsküdar y Galatasaray. Abren de lunes a sábado de 8 h a 17 h y los domingos de 9 h a 19 h. Las internacionales están las 24 horas. Apartados de Correos en: Büyük PTT, Yeni Postahane Caddesi, Sirkeci, Estambul.

❚ Propinas
La propina es una parte esencial a la hora de remunerar un servicio recibido así que en los restaurantes (sin servicio incluido) es normal dejar una propina del 10 por ciento, aunque no es obligatorio. En los cafés y bares se deja algo del cambio. En los taxis se suele redondear el precio de la carrera hacia arriba. Y en los hoteles los botones esperan propina (entre 20 y 50 TL).

❚ Sanidad
Seguro
Es imprescindible viajar con un seguro que cubra tanto la parte europea como la asiática de Estambul.

Asistencia dental
Es imprescindible viajar con un seguro que la cubra. Algunos dentistas hablan inglés o francés: Catherine Feyzioğlu (☎ 233 06 27), Reha Sezgin (☎ 240 33 32) en alemán o inglés: Serdar Gözler (☎ 343 49 90).
Precauciones con el sol
En Estambul en julio y agosto hace muchísimo calor. Es aconsejable aplicarse un factor de protección solar muy alto y beber mucho líquido.

Medicinas
En las farmacias turcas *(eczane)* hay todo tipo de medicación y saben aconsejar sobre pequeñas dolencias. En todos los barrios hay una farmacia de guardia *(nöbetçi eczane)*.

Agua potable
El agua del grifo no es lo limpia que debiera ser y está clorada, por lo que se aconseja beber agua mineral.

Alojamiento

hotel	otel	baño	banyo
pensión	pansiyon	duchar	duş
hab. indiv.	tek kişilik oda	aseo	tuvalet
hab. doble	iki kişilik oda	agua caliente	sıcak su
una noche	bir gecelik	llave	anahtar
reserva	reservasyon	ascensor	asansör
servicio habit.	oda servisi	vistas al mar	deniz manzarası
toalla	havlu	recepción	resepsiyon

Dinero

banco	banka	tarjeta de crédito	kredi kart
oficina cambio	Döviz Büro	tipo de cambio	döviz kuru
correos	PTT o postane	comisión por el cambio	komisyon ücreti
sello	pul	cajero	kasiyer
cheque	çek	cambio	bozuk para
cheque de viaje	seyahat çeki	divisa	doviz

Comer

restaurante	Lokanta/restoran	fruta	meyve
factura	hesap	pan	ekmek
desayuno	kahvaltı	cerveza	bira
aperitivos/	meze	vino	şarap
verduras con aceite	zeytinyaglılar	helado	buz
de oliva		agua	su
postre	tatlı	agua mineral	maden suyu
yogur líquido	ayran	café	kahve
té	çay	leche	süt

Transporte

avión	uçak	ida y vuelta	gidiş-dönüş
aeropuerto	havaalanı	puerto	liman
estación de tren	istasyon	coche	araba
bus	otobüs	taxi	taksi
estación de bus	otogar	¿Cómo se va a...?	...'a/e nasil
barco	vapur/feribot		giderim?
muelle	iskele	¿Está lejos...?	...ne kadar uzak?
un billete a...	...'a bir bilet	¿Dónde está...?	...nerede?

Varios

sí	evet	adiós	güle güle (lo dice
no	hayır, yok		quien se queda)
por favor	lütfen	buenos días	günaydin
gracias	teşekkür ederim,	buenas tardes	iyi günler
	mersi, sağol	buenas noches	iyi geceler
¡hola!	merhaba	perdón	pardon
adiós	allahaısmarladık (lo	¿Cuánto cuesta?	ne kadar/kaça?
	dice quien se va)	abierto/cerrado	açık/kapalı

Índice de lugares

Planos
de la
ciudad

ESTAMBUL/I

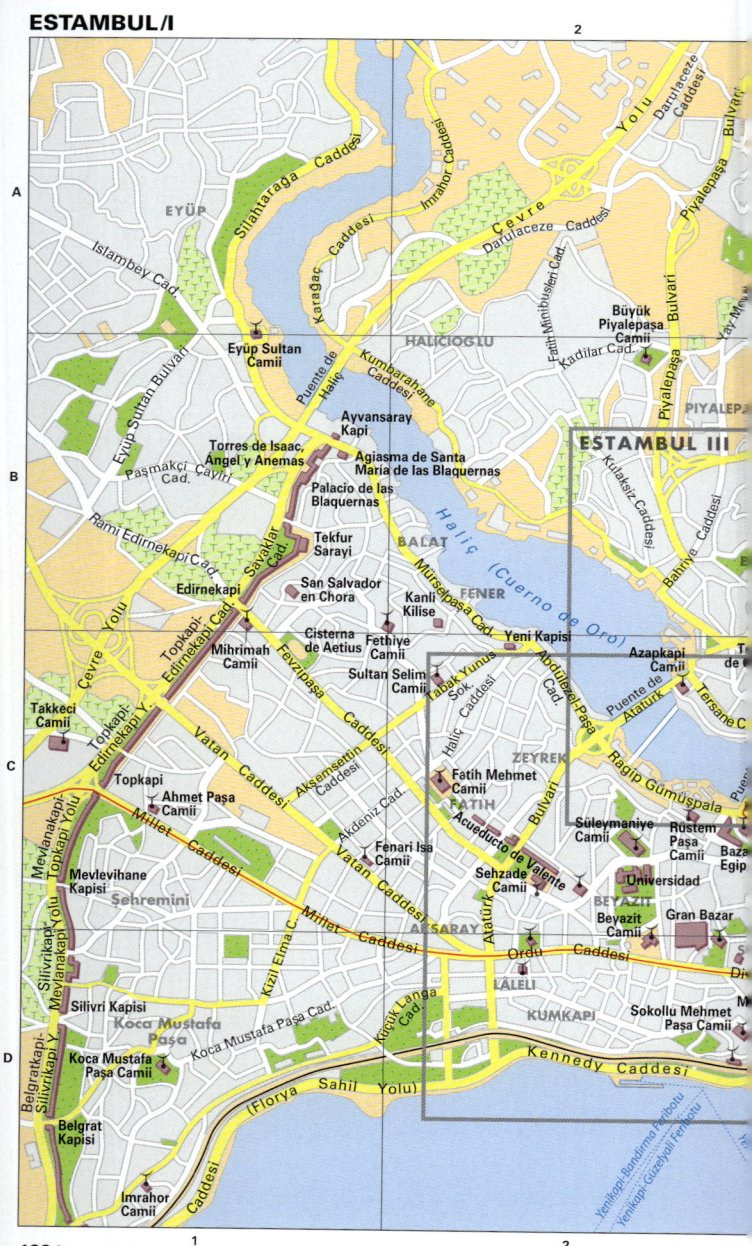

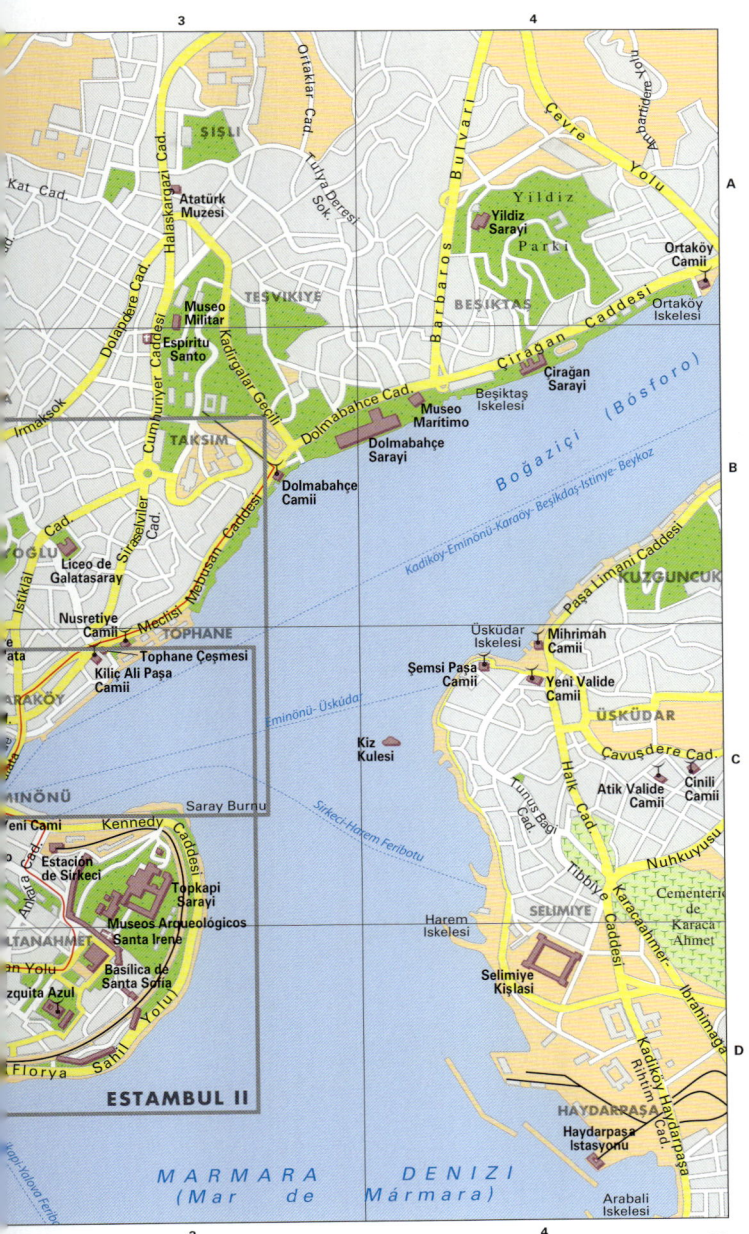

ESTAMBUL II

ESTAMBUL/II

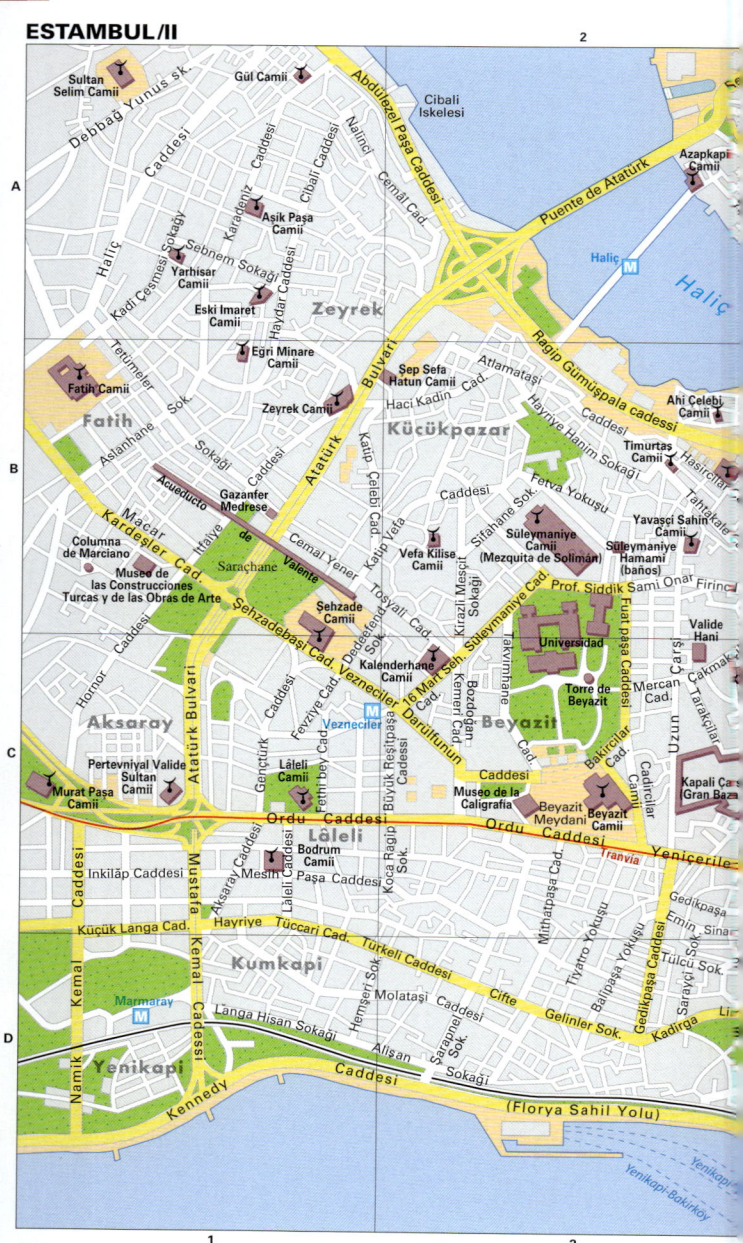

Sultan Selim Camii
Gül Camii
Cibali Iskelesi
Debbağ Yunuş sk.
Abdülezel Paşa Caddesi
Azapkapı Camii
Caddesi
Nalinci
Cemal Cad.
Cibali Caddesi
Puente de Atatürk
Haliç
Haliç
Karadeniz Caddesi
Aşık Paşa Camii
Haliç
Kadı Çeşmesi Sokağı
Şebnem Sokağı
Yarhisar Camii
Haydar Caddesi
Eski İmaret Camii
Zeyrek
Ragıp Gümüşpala cadessi
Fatih Camii
Egri Minare Camii
Şep Sefa Hatun Camii
Atlamataşı
Cad.
Ahi Çelebi Camii
Fatih
Tetümeler Sok.
Zeyrek Camii
Haci Kadın
Küçükpazar
Hayriye Hanım Sokağı
Timurtaş Camii
Aslanhane
Acueducto
Gazanfer Medrese
Atatürk Bulvarı
Caddesi
Katip Vefa
Caddesi
Fetva Yokuşu
Hasırcılar
Tahtakale
Macar Kardeşler Cad.
İtfaiye
Cemal Yener
Katip Çelebi Cad.
Vefa Kilise Camii
Sıfahane Sok.
Süleymaniye Camii (Mezquita de Soliman)
Süleymaniye Hamamı (baños)
Yavasçı Sahin Camii
Columna de Marciano
de
Valente
Tosyali Cad.
Kirazlı Mesçit Sokağı
Prof. Siddık
Fuat paşa Caddesi
Sami Onar
Fırıncı
Museo de las Construcciones Turcas y de las Obras de Arte
Saraçhane
Şehzadebaşı Cad.
Şehzade Camii
Dedebey
Süleymaniye Caddesi
Universidad
Valide Hani
Dedebey Cad.
Kalenderhane Camii
16 Mart Şeh. Vezneciler
Kemeri Cad.
Takvimhane
Torre de Beyazıt
Mercan Cad.
Tarakçılar
Çakmak.
Uzun
Hornor
Aksaray
Atatürk Bulvarı
Caddesi
Gençtürk
Feyzıye Cad.
Büyük Reşitpaşa Caddesi
Darülfünun
Beyazıt
Bakırcılar
Cad.
Kapalı Ça Gran Baz
Caddesi
Pertevniyal Valide Sultan Camii
Lâleli Camii
Fethi bey Cad.
Museo de la Caligrafía
Caddesi
Beyazıt Meydanı
Beyazıt Camii
Cadırcılar Cad.
Murat Paşa Camii
Ordu
Caddesi
Lâleli
Ordu
Caddesi
Yeniçeriler
İnkilâp Caddesi
Aksaray Caddesi
Bodrum Camii
Koca Ragıp Sok.
Tranvia
Yeniçeriler-
Mesih Paşa Caddesi
Gedikpaşa
Emin Sina
Küçük Langa Cad.
Hayriye
Tüccari Cad.
Türkeli Caddesi
Mithatpaşa Cad.
Tiyatro Yokuşu
Gedikpaşa Caddesi
Tülcü Sok.
Namık Kemal Caddesi
Mustafa Kemal Caddesi
Kumkapı
Hemşeri Sok.
Molataşı Caddesi
Çifte
Balipaşa Yokuşu
Gelinler Sok.
Saray
Kadırga
Marmaray
Langa Hisan Sokağı
Alişan
Saraçhane Sok.
Sokağı
Kennedy
Yenikapı
Caddesi
(Florya Sahil Yolu)
Yenikapı
Yenikapı-Bakırköy

ESTAMBUL/III

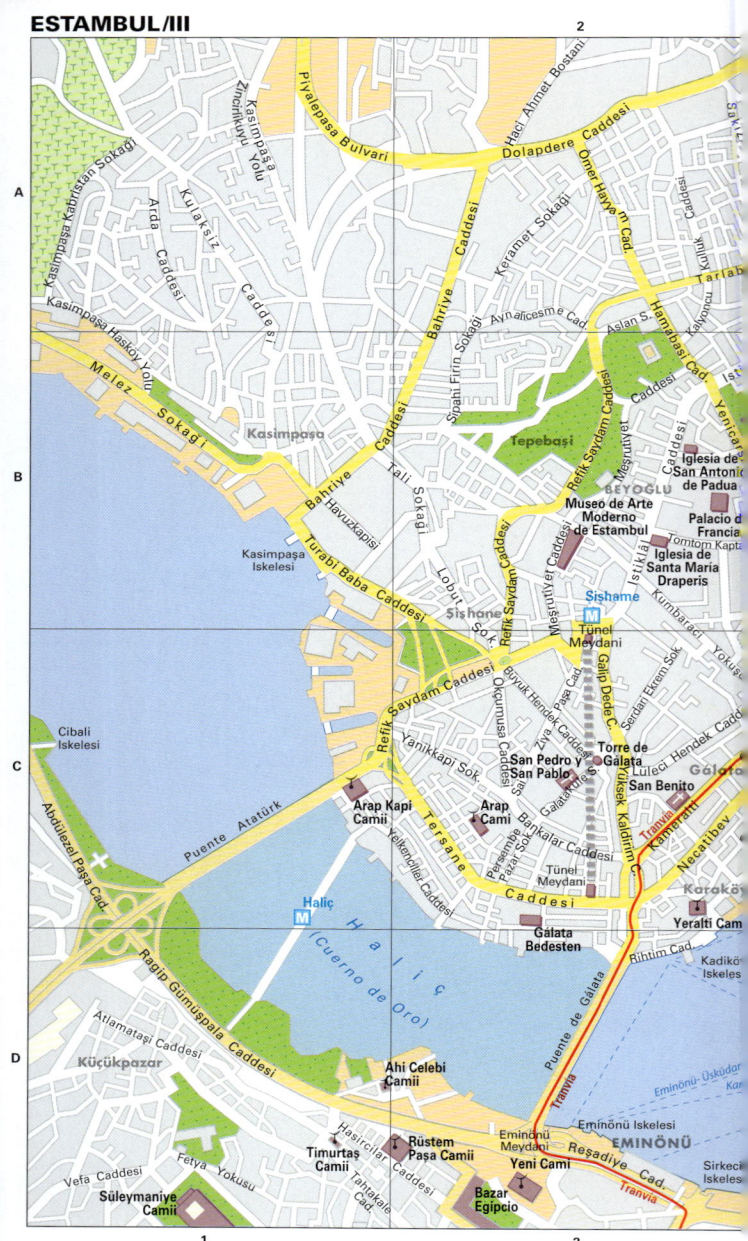

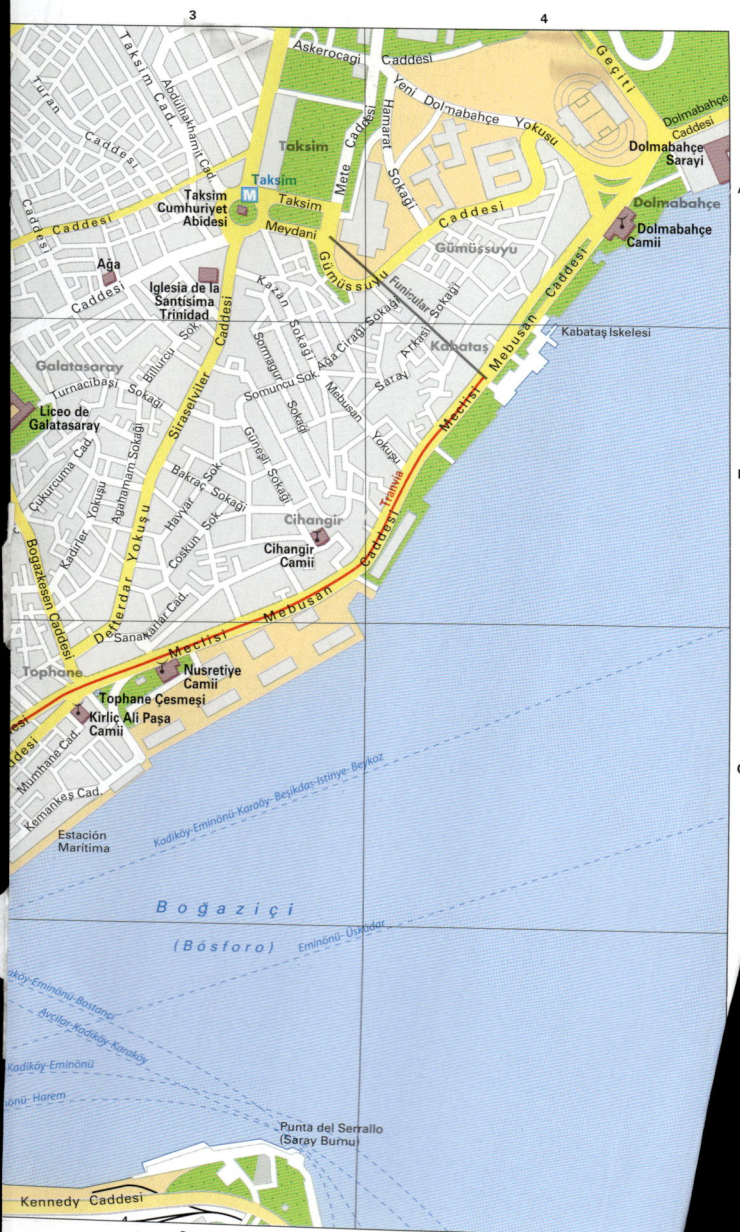

Askerocagi Caddesi

Taksim Cad.

Turan

Abdülhakimi Cad.

Caddesi

Yeni Dolmabahçe Yokusu

Geçiti

Dolmabahçe Caddesi

Dolmabahçe Sarayi

Taksim

Mete Caddesi

Hamarat Sokagi

Taksim

Taksim Cumhuriyet Abidesi

Taksim Meydani

Dolmabahçe

Dolmabahçe Camii

Caddesi

Gümüssuyu

A

Aga

Caddesi

Iglesia de la Santisima Trinidad

Kazan Sokagi

Gümüssuyu

Funicular Sokagi

Sok

Ada Çiragi Sokagi

Saray

Arkasi

Kabataş

Kabataş Iskelesi

Mebusan

Caddesi

Galatasaray

Turnacibasi

Sokagi

Billurcu

Sormagui Sok

Somuncu Sok

Mebusan

Sokagi

Mecisi

B

Liceo de Galatasaray

Sirasevliler

Çukurcuma Cad.

Agahamam Sokagi

Bakraç Sok

Günesli Sokagi

Yokusu

Tramvia

Kadiler Yokusu

Hayvar Sok

Cihangir

Caddesi

Bogazkesen Caddesi

Coskun Sok

Cihangir Camii

Defterdar Yokusu

Sanahattar Cad.

Mebusani

Mecisi

Tophane

Nusretiye Camii

Tophane Çesmesi

Mumhane Cad.

Kirliç Ali Paşa Camii

Kemankes Cad.

C

Estación Marítima

Kadiköy-Eminönü-Karaöy-Besikdas-Istinye-Beykoz

Bogaziçi

(Bósforo) Eminönü-Üsküdar

Kadiköy-Eminönü-Bostanci

Avçilar-Kadiköy-Karaöy

Kadiköy-Eminönü

inönü-Harem

Punta del Serrallo (Saray Burnu)

Kennedy Caddesi

3

4

SIGNOS CONVENCIONALES EN LOS PLANOS

Edificios de interés turístico

Mezquitas

Iglesias

Grandes arterias

Parques y jardines

i Información turística

P Aparcamientos

Autobús

—— Tranvía

—— Funicular